TELEJORNALISMO E PODER
NAS ELEIÇÕES PRESIDENCIAIS

Dados Internacionais de Catalogação na Publicação (CIP)
(Câmara Brasileira do Livro, SP, Brasil)

Neves, Flora
  Telejornalismo e poder nas eleições presidenciais / Flora Neves.
São Paulo: Summus, 2008.

  Bibliografia.
  ISBN 978-85-323-0513-8

  1. Eleições presidenciais 2. Processo eleitoral 3. Telejornalismo
4. Telejornalismo - Influência 5. Televisão - Aspectos psicológicos 6.
Televisão - Aspectos sociais I. Título.

08-07129   CDD-070.195

Índice para catálogo sistemático:
1. Eleições presidenciais e o poder do telejornalismo   070.195

Compre em lugar de fotocopiar.
Cada real que você dá por um livro recompensa seus autores
e os convida a produzir mais sobre o tema;
incentiva seus editores a encomendar, traduzir e publicar
outras obras sobre o assunto;
e paga aos livreiros por estocar e levar até você livros
para a sua informação e o seu entretenimento.
Cada real que você dá pela fotocópia não autorizada de um livro
financia o crime
e ajuda a matar a produção intelectual de seu país.

FLORA NEVES

TELEJORNALISMO E PODER NAS ELEIÇÕES PRESIDENCIAIS

summus editorial

TELEJORNALISMO E PODER NAS ELEIÇÕES PRESIDENCIAIS
Copyright © 2008 by Flora Neves
Direitos desta edição reservados por Summus Editorial

Editora executiva: **Soraia Bini Cury**
Assistentes editoriais: **Bibiana Leme e Martha Lopes**
Capa: **Alberto Mateus**
Projeto gráfico e diagramação: **Crayon Editorial**
Impressão: **Sumago Gráfica Editorial**

Summus Editorial
Departamento editorial:
Rua Itapicuru, 613 – 7º andar
05006-000 – São Paulo – SP
Fone: (11) 3872-3322
Fax: (11) 3872-7476
http://www.summus.com.br
e-mail: summus@summus.com.br

Atendimento ao consumidor:
Summus Editorial
Fone: (11) 3865-9890

Vendas por atacado:
Fone: (11) 3873-8638
Fax: (11) 3873-7085
e-mail: vendas@summus.com.br
Impresso no Brasil

Sumário

Prefácio 7
Introdução 9

PARTE I ▪ O PODER DA TELEVISÃO E A TELEVISÃO DO PODER 15

1 História das relações de poder entre TV e Estado 17

2 O *Jornal Nacional* 44

3 As eleições presidenciais de 2002 60

4 As eleições presidenciais de 2006 69

PARTE II ▪ A DIFERENÇA ENTRE GANHAR E PERDER 85

5 Campanha de 2002 – enquadramento, visibilidade e valência 87

6 Campanha de 2006 – enquadramento, visibilidade e valência 133

Considerações finais 217
Referências bibliográficas 225

Prefácio

Você está abrindo algo que parece um livro, não parece? Mas é mais do que isso. É um documento para ser lido, estudado e guardado.

A cada eleição no Brasil – e agora elas ocorrem de dois em dois anos (ainda bem!) – será fundamental ir à estante e abri-lo outra vez. E comparar as informações destas páginas com a cobertura eleitoral do telejornal de maior audiência do país. Será um exercício interessante para saber qual o grau de democracia existente no Brasil em cada momento – e por enquanto é baixo. Conclusão a que se chega após a leitura deste excelente livro-documento de Flora Neves. Ela usa os mais avançados instrumentos metodológicos da área da comunicação para analisar dados precisos, cuidadosamente levantados. São gravações do telejornal nos períodos que antecederam as eleições presidenciais de 2002 e 2006. Por meio delas temos a comprovação documentada de como esse noticiário se imiscuiu nos processos eleitorais, alterando seus rumos. Ao fazer isso, tornou-se responsável por retardar o difícil avanço do processo democrático brasileiro.

Mas os dados obtidos pela pesquisa e suas interpretações não são apresentados ao leitor de forma isolada. A autora os circunscreve com competência, publicando entrevistas inéditas que dão vida aos números. Falam personagens centrais dessa já longa e promíscua convivência entre o poder político e a principal rede de televisão do país. Estão lá depoimentos de gente que viveu a história, como o do senador Roberto Saturnino Braga, que, nos anos 1960, ainda como um jovem deputado, presidiu a Comissão Parlamentar de Inquérito que investigou e condenou o acordo Globo–Time Life. De Francisco Vianey Pinheiro, o Pinheirinho, responsável pela edição de política na sucursal da Globo em São Paulo e testemunha da edição fraudulenta do debate Lula–Collor em 1989. Do repórter Rodrigo Vianna, demitido por não compactuar com as distorções impostas pela empresa à cobertura eleitoral de 2006. E muitos outros. São testemunhos para ficar na história.

É preciso destacar também que, com este trabalho, a autora inclui-se no ainda reduzido grupo de pesquisadores dispostos a enfrentar esse objeto sedutor e escorregadio chamado televisão. Uma coisa é ir aos arquivos de jornais e analisar a imprensa (sem demérito para essas pesquisas), mas outra – bem mais complicada e trabalhosa – é gravar por dias seguidos o noticiário de TV, decupá-lo, transcrevê-lo e por fim analisá-lo. A televisão brasileira, ainda que seja uma concessão pública, não facilita o acesso aos seus arquivos. Diante de tudo isso, muita gente se assusta com o tamanho do monstro. Não foi o caso da Flora. Tanto que os resultados estão aqui, nas próximas páginas.

E o mais importante deles é revelar aquilo que a TV, essa prestidigitadora eletrônica, no dizer de Pierre Bourdieu, esconde. Ao mostrar o supérfluo – os bichinhos do zoológico, por exemplo –, a televisão escamoteia o essencial. Deixa de lado pautas importantes, capazes de contribuir para o avanço social e para o aprofundamento da democracia. Nesse sentido, o livro revela o que a TV conseguiu esconder até de ilustres teóricos e competentes pesquisadores da comunicação. Muitos deles não perceberam o jogo manipulador do telejornal no período que antecedeu as eleições de 2006. Chegaram a acreditar que esse tipo de jornalismo havia finalmente se encontrado com o equilíbrio e a imparcialidade. Flora Neves mostra que eles se enganaram. A manipulação foi mantida.

LAURINDO LALO LEAL FILHO

Introdução

As eleições presidenciais no Brasil mobilizam toda a sociedade e constituem um momento especial em que se evidenciam tanto o papel da imprensa como o comportamento dos meios de comunicação na formação da opinião pública. Estudos com o objetivo de dimensionar esse fenômeno em suas mais variadas formas são de interesse científico pelos conhecimentos que podem originar. Com esse mesmo propósito e a finalidade de despertar para uma compreensão mais aprofundada no âmbito do telejornalismo, são aqui apresentados diagnósticos e análises de conteúdo em relação às eleições presidenciais de 2002 e 2006. A investigação concentra-se no papel desempenhado pelo *Jornal Nacional* – *JN*, da Rede Globo de Televisão, o mais importante telejornal do país.

Em 1989, a cobertura das eleições presidenciais tornou-se objeto de discussão mais intensa pelos críticos da mídia, sobretudo no episódio da edição do debate entre os dois candidatos no segundo turno, exibida pelo *Jornal Nacional* na véspera da eleição, que teria notoriamente favorecido Fernando Collor de Mello. A cobertura da eleição presidencial de 1989 foi a primeira depois de vinte anos de existência do telejornal, já que o programa surgira durante a vigência do regime militar (1964–85), período em que o chefe do Executivo era eleito de forma indireta.

Essa gênese do telejornal e o passado de enquadramentos unilaterais em reportagens políticas que favoreciam candidatos aliados com o poder político em vigor sustentaram hipóteses de que, a partir de 1989, o viés não deixaria de existir na cobertura eleitoral, cabendo ao eleitor conhecer que rumo tomaria. Antes mesmo do debate que culminou com o encerramento da campanha de 1989, uma pesquisa do Instituto Datafolha já havia detectado uma cobertura desigual para os dois candidatos. "Enquanto Collor teve 21,5% do tempo no *Jornal Nacional*, entre 28 de agosto e 29 de novembro, Lula obteve apenas 9%" (Rubim, 1989, p. 17).

Em 1994, a abordagem do *JN* mostrou um governo fortalecido pelo Plano Real, destacando matérias que favoreciam indiretamente a candidatura de Fernando Henrique Cardoso, criador do plano e da moeda. No entanto, em 1998, em nome da "estabilidade", a mídia praticamente se omitiu quanto à eleição presidencial, e a pouca cobertura do *Jornal Nacional* tratou de agendas de campanhas e matérias políticas e econômicas sobre o governo. A idéia era enfraquecer o debate político e assegurar um segundo mandato para Fernando Henrique Cardoso.[1]

O estudo agora apresentado é resultado de uma pesquisa que examina a tônica da eleição presidencial no *Jornal Nacional* e busca mostrar como esse noticiário enquadrou candidaturas e ofereceu uma possível contribuição para a formação da opinião pública, com implicação nos preceitos básicos da prática e da ética profissional. Tomaram-se como base as matérias[2] exibidas pelo telejornal no período de abril a outubro de 2002 e 2006 que envolviam as palavras "eleição presidencial" e exibiam candidatos ou falas, mesmo que de terceiros, sobre os presidenciáveis e suas ações. O acompanhamento esquadrinhou 199 telejornais e um total de 874 matérias e cerca de cem horas de gravação.

Entre as hipóteses enunciadas na organização desta pesquisa, os principais pontos com referência ao telejornal foram de que ele: enquadrou a eleição de acordo com o seu ponto de vista e sua linha editorial; mostrou uma cobertura parcial, que foi importante no resultado das eleições; antes mesmo do início da campanha, já construía um cenário específico para beneficiar candidatos; privilegiou candidatos, levando interpretações de fatos ao telespectador; marginalizou candidatos ao excluir pontos de vista importantes e ressaltar/evidenciar momentos degradantes de cada um.

A análise da cobertura das eleições presidenciais de 2002 e 2006 pelo *Jornal Nacional* foi orientada pelos conceitos de enquadramento, grau de visibilidade e valência atribuídos a cada candidato. O levantamento realizado englobou o número de matérias, o tempo de cada uma, o tempo da fala do candidato e uma verificação do conteúdo com a classificação como matéria positiva, negativa ou neutra. A *amostra* representa 60% das edições exibidas nas duas eleições no período do final de abril, antes das convenções, a outubro, após o segundo turno. A investigação acerca dos telejornais utiliza a metodologia aplicada pelos principais grupos que pesquisam a mídia e as eleições no país, entre os quais se destacam:

- o Laboratório de Pesquisa em Comunicação Política e Opinião Pública (Doxa), do Instituto Universitário de Pesquisas do Rio de Janeiro (Iuperj), da Universidade Candido Mendes, que trabalha com o conceito de valência;
- o Núcleo de Estudos em Artes, Mídia e Política (Neamp), da PUC de São Paulo; e o Núcleo de Estudos de Mídia e Política (Nemp), da UnB, que utilizam, além do conceito de valência, o de enquadramento.

Incluíram-se também, para a pesquisa nas eleições de 2002, análises do Centro de Estudos Avançados de Cultura (Cult), da Faculdade de Comunicação da Universidade Federal da Bahia; e, para a de 2006, pesquisa do Observatório Brasileiro de Mídia, associado à Media Watch Global, que utiliza como referencial a metodologia dos núcleos de pesquisa já citados.

A definição de *enquadramento* da notícia, usada pelos pesquisadores dos núcleos de pesquisa, é fundamentada no conceito de

Robert Entman[3] e de Porto, Bastos e Vasconcelos (2004), que ainda divide *framing* ou enquadramento em dois aspectos: o noticioso e o interpretativo. O enquadramento noticioso refere-se aos padrões de apresentação, seleção e ênfase utilizados por jornalistas para organizar seus relatos. É comum, segundo Porto, identificar-se no telejornalismo o enquadramento interpretativo nas sonoras.[4] O enquadramento é uma forma de avaliar como se dá a relação mídia e política, ou seja, como a televisão, no caso, é usada como instrumento de poder e não como transmissão de informação de forma objetiva e imparcial.

O modelo de valência é muito utilizado pelo Doxa, o laboratório do Iuperj, que desenvolve pesquisas eleitorais em jornais. São estudos que acompanham a quantidade de vezes em que o nome de cada candidato aparece no noticiário e a valência atribuída a ele. O estudo, baseado em uma classificação de valência das matérias, além de medir qual o espaço dado a um ou outro candidato, oferece uma dimensão a respeito do papel do telejornal e a quem ele está favorecendo.

Os pesquisadores do Doxa classificam as valências de acordo com o potencial que transfere para a candidatura. Os critérios são:

- Valência positiva: a matéria sobre determinado candidato reproduz suas promessas, o programa de governo, as declarações ou os ataques a concorrentes e inclui textos que destacam os resultados favoráveis de pesquisas de intenção de voto.
- Valência negativa: a matéria reproduz ressalvas, críticas ou ataques de concorrentes ou de terceiros ao candidato. Inclui também abordagens que destacam os resultados desfavoráveis de pesquisas de intenção de voto.
- Valência neutra: a matéria se restringe a apresentar a agenda do candidato ou citações sem avaliação moral, política ou pessoal sobre os candidatos.[5]

Esse tipo de avaliação de conteúdo, com atribuição de valores possíveis (positivo, neutro, negativo), também foi desenvolvido no trabalho coordenado pelo professor José Coelho Sobrinho, no projeto do Departamento de Jornalismo da Escola de Comunicações e Artes, da USP, em 2004, na eleição municipal de São Paulo, em parceria com a ONG brasileira Observatório Social e o Media Watch Global.

Na análise de conteúdo aqui apresentada, os critérios são mais generalizados: adotam-se o termo "positivo", se a matéria tem potencial de agregar votos; "negativo", se tem potencial para retirar votos; e "neutro", se não conduz a nenhuma das situações anteriores. Combinando o conceito de valência aos de enquadramento e visibilidade já citados, identificam-se o espaço que o telejornal destinou para cada candidato e a valência das notícias a eles relacionadas. Em cada eleição, os telejornais foram analisados do mês de abril até o final do segundo turno, em quatro períodos: antes do registro das candidaturas; no período inicial da campanha até a entrada do horário eleitoral gratuito; da entrada do horário eleitoral até o fim do primeiro turno e até o do segundo turno. Os telejornais de cada período foram escolhidos aleatoriamente.

Este livro está dividido em duas partes: os capítulos da primeira compõem-se de uma perspectiva histórica, com base na análise de alguns fatos, para ilustrar a relação da política com a mídia no Brasil. Essa abordagem é complementada com um percurso em que se focalizam episódios envolvendo a TV Globo e as eleições, o perfil do *Jornal Nacional*, suas atitudes e influências políticas ao longo da História. Em seguida, são apresentadas as duas eleições, o contexto político, a participação da mídia e, particularmente, do *Jornal Nacional*. A segunda parte contém a análise de conteúdo dos 98 telejornais estudados nas eleições de 2002 e, na seqüência, os dados referentes à amostra da eleição de 2006, acompanhados de uma conclusão em que, à luz da análise realizada, se identifica como o *Jornal Nacional* se comportou e qual foi seu compromisso nas últimas eleições.

Notas

1 Pesquisas sobre as eleições de 1994 e 1998 que apontam tais hipóteses estão entre os estudos publicados na revista *Textos de Cultura e Comunicação*, Salvador, n. 33, 1995; e em Leandro Colling (2000).

2 Consideram-se matérias, para efeito de análise, todas as entrevistas, reportagens e notas cobertas exibidas no período. Outros elementos – como chamadas, manchetes e notas-retorno – foram computados com as matérias, excluindo apenas as notas ao vivo.

3 Para Entman (1994, p. 331), "enquadrar é selecionar certos aspectos da realidade percebida e torná-los mais salientes no texto da comunicação de tal forma a promover a definição particular de um problema, de uma interpretação causal, de uma avaliação moral, e/ou a recomendação de tratamento para o tema descrito".

4 O termo "sonora" designa uma fala de entrevista (Paternostro, 1999, p. 151).

5 Dentro da sistemática de trabalho para o jornal impresso, o laboratório ainda dá a seguinte orientação: 1) quando uma matéria tem elementos positivos e negativos, prevalece: positividade, se houver mais elementos positivos do que negativos; negatividade, se houver mais elementos negativos do que positivos; neutralidade, se houver equilíbrio entre os elementos positivos e negativos; 2) elementos editoriais de destaque, como títulos, subtítulos e legendas, por exemplo, prevalecem sobre o corpo da matéria. Disponível em: <www.doxa.iuperj.br>.

PARTE I
O PODER DA TELEVISÃO E A TELEVISÃO DO PODER

1
História das relações de poder entre TV e Estado

É reconhecido que a televisão, em seu percurso histórico-institucional, torna-se, muitas vezes, o próprio poder. Se, por um lado, a mídia é um dos instrumentos de fortalecimento da democracia, por outro, também pode transformar-se em aparelho de divulgação e manutenção da ideologia dominante. Em todos os países, a TV prevalece como o veículo de comunicação com o maior poder de influência, mas o caso do Brasil é singular, porque aqui ela se torna mais forte. A presença da televisão na vida das pessoas chega a ser desproporcional em relação a outros meios, conferindo-lhe *status* de veículo monopolizador.

O IBGE apontou que, em 2006, 93% dos domicílios brasileiros possuíam pelo menos um aparelho de televisão, enquanto o rádio existia em 87,9% das residências e a internet, em 16,9%. Uma pesquisa divulgada pelo Instituto Ipsos Marplan revelou que 97% dos brasileiros acima de 10 anos assistem à televisão pelo menos uma vez por semana.[1] O poder de penetração da TV no Brasil, onde 11% dos habitantes não têm nenhuma escolaridade, pode transformá-la em agente controlador de idéias e responsável pelo *agendamento* do pensamento público.[2]

A força da televisão é tão acentuada que, comparando-a com *O Príncipe*, de Maquiavel (1964), e ao "Moderno Príncipe", de Gramsci (1968), pode-se denominá-la "O Príncipe eletrônico" (Ianni, 2000). Se, para Maquiavel, o príncipe é uma pessoa, um líder ou um político e, para Gramsci, é a organização política, o

Príncipe eletrônico é um tipo de entidade que está presente em todos os níveis da sociedade, sendo uma espécie de intelectual coletivo e orgânico a serviço das estruturas e blocos de poder. A televisão é um meio de comunicação, informação e propaganda ativamente presente no cotidiano de indivíduos e coletividades ao redor do mundo. Não é incomum que ela transforme a realidade, seja em algo encantado, seja em algo escatológico. Em geral, ela "virtualiza" a realidade de tal modo que o real aparece como forma espúria do virtual (Ianni, 2000, p. 148-50).

No Brasil, o poder da televisão está vinculado ao poder político e se acentua ainda mais quando comparado a outras mídias, em conseqüência da origem e organização dos meios de comunicação eletrônicos. A dependência em relação ao Estado, por causa das concessões, torna-os mais suscetíveis a compromissos e reciprocidades. A História revela que mudanças têm ocorrido, levando a importantes avanços, mas, embora partidos e líderes se revezem no poder, a televisão brasileira mantém sua dependência e sua característica governista. No entanto, isso não se dá apenas pelas "amarras" provocadas pelo sistema de concessões, mas também pelo atrelamento publicitário, em cujo segmento o governo é o maior investidor. Já que a receita da televisão vem da publicidade e ela se vale da ligação que mantém com a sociedade, acaba se transformando num importante aparelho reprodutor de ideologia (Kehl, 1980, p. 18).

Essa condição de aparelho reprodutor de ideologia já foi atribuída ao rádio, que serviu como instrumento de manutenção do Estado na Era Vargas. Durante os quinze anos de regime autoritário (1930-45), Getúlio Vargas utilizou-se do rádio como peça principal da engrenagem da propaganda política. Durante os anos 1940 e 1950, por exemplo, a Rádio Nacional[3], que possuía a maior audiência e atingia todo o país, era uma forma de reforçar a aliança de Getúlio Vargas com setores populares. "E foi com o favoritismo político no rádio que surgiram as licenças para exploração de canais sem regras" (Capparelli e Lima, 2004, p. 64).

O discurso do governo no Estado Novo pregava que a radiodifusão livre poderia ser prejudicial, mas, ao mesmo tempo, uma radiodifusão exclusivamente oficial era uma estratégia considerada precoce para a época. O governo de Getúlio, apesar de sua tendência altamente centralizadora, sentia a necessidade de estabelecer relações com as forças sociais existentes (o capital privado tinha interesses concretos no setor de radiodifusão) (Ortiz, 1994, p. 53). A radiodifusão nasceu no Brasil com o ideal de prestar um serviço público, colocando-se longe do Estado e da iniciativa privada. No entanto, tornou-se iniciativa de cunho comercial e com o apoio direto do Estado, por meio de decreto presidencial em 1932. "As relações promíscuas entre Estado e televisão que tiveram sua gênese nesse período se consolidaram ao longo dos governos da ditadura militar, estando presentes até hoje na cena política brasileira" (Leal Filho, 2004, p. 42).

A "barganha", moeda de troca ou rede de clientelismo, que hoje se mostra institucionalizada entre o poder público e os donos de emissoras de rádio e televisão, teve sua arrancada nos anos 1930, com a colaboração do governo na implantação das empresas de comunicação privadas, com Getúlio Vargas usando o rádio e o cinema para o desenvolvimento de seu projeto político. No período pós-1964, esse favoritismo atingiu seu apogeu com o poder militar montando uma sofisticada rede de telecomunicações como um dos principais sustentáculos para sua política (Leal Filho, 1988, p. 31-2).

Nos primeiros anos do governo Getúlio Vargas[4], entre 1930 e 1945, foram estabelecidas as primeiras leis e regulamentações para a área de radiodifusão. No período do Estado Novo, entre 1937 e 1945, essa regulamentação do rádio continuou e permaneceu em vigor por vinte anos. Até 1951, apenas dois textos legais regeram o setor da radiodifusão no país: o Decreto nº 20.047, de maio de 1931, que estabelecia novas normas para os serviços de radiotelegrafia e radiotelefonia e o Decreto nº 21.111, de março de 1932, que estabelecia normas para os serviços de radiocomunicação no território nacional (Moreira, 1996, p. 37).

Entre as novas diretrizes do regime estabelecido por Getúlio Vargas estava um decreto que criava o Departamento de Imprensa e Propaganda (DIP), gerando dependência para o setor de radiodifusão. O DIP tinha, entre suas funções, a obrigatoriedade de fazer a censura prévia de programas radiofônicos e organizar o programa *A Voz do Brasil*, até hoje existente, que mostrava o controle do rádio pelo governo. Ainda como determinação do decreto, o rádio deveria incentivar as relações do país com governos estrangeiros por meio de transmissões em vários idiomas, e o governo adquiriria emissoras de rádio para reforçar a ligação do poder com a radiodifusão.

A chegada da televisão ao Brasil, em 1950[5], coincidiu com um intenso processo de industrialização que provocou um aumento da migração do campo para as zonas urbanas. Em 1951, já com a televisão implantada e Getúlio Vargas novamente no poder, então pelo voto direto, foram estabelecidas alterações nas leis implantadas em 1931. Entre elas pode-se citar o Decreto nº 29.783, de julho de 1951. Ele era muito restritivo, pois instituía um sistema que permitia ao governo rever as concessões a cada três anos; a qualquer momento elas poderiam ser cassadas, mesmo que o prazo de concessão continuasse sendo de dez anos. Esse decreto foi revogado em 1954, depois da morte de Getúlio Vargas (Moreira, 1996, p. 39).

Quando, no governo de João Goulart[6], foi aprovada no Congresso a Lei nº 4.117, que introduziu o Código Brasileiro de Telecomunicações, os Diários Associados formavam o grupo dominante. Note-se que é a mesma lei que ainda nos dias de hoje está em vigor. O Código, aprovado em 27 de agosto de 1962, regulamentava o sistema de concessões e dava poder total ao Executivo, ao deixar a distribuição de emissoras por conta do governo federal.

Ao longo dos debates para a criação desse Código os empresários se mobilizaram e, liderados pelo empresário João Calmon, fizeram *lobby* no Congresso. Dessa maneira, o projeto acabou por refletir a vontade dos proprietários das companhias de radiodifusão e do poder militar. É importante dizer que os congressistas derrubaram os 41 vetos do governo João Goulart ao projeto. Ao mesmo tempo, os empresários de radiodifusão acabaram formando a Associação Brasileira de Emissoras de Rádio e Televisão (Abert). A entidade nascia, desse modo, acoplada aos políticos e, como ela mesma reconhece, nos corredores do Congresso, a fim de atuar na luta combativa contra os vetos.[7]

Nesse momento abriu-se o caminho para que o empresariado de radiodifusão brasileiro, que três anos mais tarde começaria a ganhar a liderança comercial e política das Organizações Globo, passasse a exercer hegemonia sobre o ambiente normativo do setor. Em 1967, em pleno regime militar, o governo de Costa e Silva anulou e substituiu artigos da lei para, além de ter controle sobre as concessões, dominar as atividades das emissoras. Com a mesma idéia em mente, criaram-se o Ministério das Comunicações e o Departamento Nacional de Telecomunicações (Dentel), o órgão fiscalizador. Esse período coincidiu com a concessão de 67 licenças para novas emissoras de TV em todo o país.[8]

As leis que regiam as telecomunicações, até a Constituição de 1988, determinavam que as concessões de emissoras de rádio e televisão cabiam exclusivamente ao Poder Executivo. Nessa época, a troca de favores se dava diretamente entre o presidente e o grupo interessado. Forte indicativo disso foi a negociação de 257 concessões ocorrida apenas no mês que antecedeu a promulgação da Constituição, em setembro de 1988. O dia 29 daquele mês foi especialmente ativo, batendo um recorde histórico: 59 concessões. De acordo com um levantamento da imprensa na época, 165 foram parar nas mãos de parlamentares constituintes. Na ocasião, até o presidente José Sarney teria se beneficiado com o esquema, pois ao menos trinta emissoras foram liberadas para o Maranhão, das quais dezesseis eram de pessoas ligadas à sua família (Costa, 2005, p. 43).

Nos dias atuais, o modelo brasileiro de concessões, no que tange à regulamentação do sistema, é totalmente vulnerável. Além de permitir espaços para o "toma-lá-dá-cá" – uma vez que as concessões são aprovadas pelo Congresso e boa parte dos seus membros são detentores de emissoras de rádio e televisão –, as regras não apresentam um método de controle eficaz, como acontece em outros países. Do mesmo modo, as concessões só podem ser cassadas ou não renovadas em caso da aprovação de, no mínimo, dois quintos do Congresso, em votação nominal, situação que causa desconforto entre os congressistas. Além disso, o cancelamento da concessão antes de vencido o prazo dependerá de decisão judicial. Portanto, as concessões tornam-se praticamente direito adquirido de seus detentores.[9]

Diante de tal quadro, pode-se considerar que, no Brasil, o jogo de favorecimento é determinante na distribuição de canais. Se durante o regime militar inúmeros políticos conseguiram canais em todas as regiões do país, nos governos mais recentes as concessões serviram como moeda política na votação de emendas que favoreciam diretamente o Poder Executivo. Além da votação da emenda constitucional, em 1988, aumentando de quatro para cinco anos a gestão de um presidente da República, a aprovação de outra emenda à Constituição, em 1997, que possibilitaria a reeleição, foi objeto de troca. A moeda foram as estações retransmissoras: 87 políticos receberam autorização para instalar as RTVs. As 268 retransmissoras foram entregues a empresas ou entidades controladas por deputados, senadores, governadores, prefeitos, ex-parlamentares e políticos sem mandato (Brener e Costa, 1997).

As concessões não privilegiaram só congressistas. O então ministro das Comunicações do governo Sarney, Antonio Carlos Magalhães, legislou em causa própria, quando distribuiu 1.028 concessões a emissoras de rádio e televisão. Com esse poder eletrônico, conseguiu eleger governadores e deputados. Muitos políticos, ao se eleger ou ao ajudar a eleger parceiros políticos, influenciam diretamente a composição do Congresso, responsável pela aprovação das concessões. Essa teia formada pelo poder político detentor de emissoras está em pelo menos treze estados brasileiros. Os outros, se não possuem redes de emissoras de rádio e TV de propriedade de parlamentares, têm emissoras controladas por empresários que apóiam oligarquias políticas.

A concentração da mídia nas mãos de políticos, conjuntamente com as características de nossas leis, impede a democratização dos meios de comunicação e leva o poder ao controle da informação. Essa é uma situação muito favorável tanto para a Abert quanto para os detentores do poder político. Não há interesse, por parte de ambas as classes, que mudanças sejam realizadas. Até mesmo quando, em 1995, o governo de Fernando Henrique Cardoso enviou ao Congresso proposta de uma nova legislação para as telecomunicações, pouca coisa mudou. A emenda constitucional substituiria o Código de 1962, mas a nova legislação apenas separou a radiodifusão das telecomunicações.

Nos últimos anos aprovaram-se outras mudanças no Código, mas apenas para beneficiar os oligopólios de televisão: foram permitidas a entrada do capital estrangeiro nas empresas de comunicação e a participação de pessoas jurídicas na direção das redes. O parecer de 1995 sobre a emenda constitucional que propunha a admissão de pessoas jurídicas no controle de empresas jornalísticas de rádio e televisão tinha o objetivo de atender à demanda do eleitorado evangélico. Ou seja, "resolver a situação das concessões outorgadas a pastores, *testas-de-ferro* da Igreja Universal do Reino de Deus, controladora da Rede Record de Televisão"[10] (Ramos, 2005, p. 71).

Em 1997, o deputado federal Aloysio Nunes Ferreira (PSDB/SP) anexou à emenda uma outra, de sua autoria, mantendo o dispositivo de pessoa jurídica e acrescentando a possibilidade de até 30% de capital estrangeiro na composição do controle das empresas. A proposta foi aprovada em 28 de maio de 2002, alterando o § 1º do artigo 222 do capítulo da Comunicação Social, que diz: "Em qualquer caso, pelo menos 70% do capital total e do capital votante das empresas jornalísticas e de radiodifusão sonora e de sons e imagens deverá pertencer, direta ou indiretamente, a brasileiros natos ou naturalizados há mais de dez anos".

O controle das concessões e as cassações por problemas políticos, como o fechamento da TV Excelsior[11] e a cassação da pioneira TV Tupi[12], exibem nitidamente o interesse do governo em emissoras e dos grupos econômicos em manter a situação política para se perpetuar no poder da radiodifusão. Além disso, a forma como se distribuiu o espólio da Tupi comprova a manipulação da distribuição de canais.

Quando a TV Tupi foi cassada, em 1980, segundo seus dirigentes, não havia inoperância administrativa, conforme anunciado, mas interesse do governo João Baptista Figueiredo em distribuir um canal a outro grupo mais próximo, no caso o Grupo Abril. Para o Planalto, interessava buscar outra rede forte, já que a Globo era quase um monopólio e, na época, tentava se distanciar do regime e apagar a imagem de aliada dos militares. Outras empresas entraram na concorrência e, por conta de uma reportagem da revista *Veja*, da Editora Abril, sobre o presidente, este não teria permitido que a emissora fosse concedida ao grupo.[13] A licença da Rede Tupi acabou sendo entregue ao grupo de Adolfo Bloch, que montou a TV Manchete; e a Silvio Santos – na época, amigo de um sobrinho de dona Dulce, mulher do presidente João Baptista Figueiredo –, que montou o Sistema Brasileiro de Televisão (SBT).[14]

A estruturação da televisão no Brasil, como rede nacional, por meio de microondas, deve-se ao sistema consolidado durante o período do regime militar, mais precisamente no final dos anos 1960. Entretanto, o interesse do governo militar não era exclusivamente o progresso do país, como se pregava: naquele momento se estruturavam um sistema de poder das emissoras de TV e um controle do governo que perdura até hoje. A televisão passava a ser peça-chave na estrutura de manutenção do domínio. É neste capítulo da história da TV que a atuação do regime militar, até então discreta, indireta, torna-se completamente explícita e deixa claro que o governo tem um projeto. "A televisão tornou-se a partir da década de 1960 o suporte dos discursos que identificam o Brasil para o Brasil. [...] Sem a televisão, a integração nacional pretendida pelo regime militar jamais teria se cumprido" (Bucci e Kehl, 2004, p. 32).

Até recentemente, no governo Lula, não houve nenhum avanço na problemática de oligopólio da mídia. A tentativa frustrada de implantação do Conselho de Jornalismo, a oposição ao pré-projeto da Agência Nacional de Cinema e Vídeo (Ancinav) e a escolha do padrão japonês de TV Digital, ao contrário, demonstram que a concentração da mídia vai permanecer e que governo e as empresas que monopolizam a radiodifusão estão cada vez mais atrelados.

OS POLÍTICOS E A TELEVISÃO

O primeiro oligopólio de comunicação, já com emissoras de televisão, foi montado pelo jornalista e empresário Assis Chateaubriand, que chegou a ter, na década de 1960, 36 emissoras de rádio, 34 jornais, dezoito canais de TV, dezoito revistas e duas agências de notícias. Um império constituído à base de interesses e compromissos políticos, principalmente com o Estado. As negociatas políticas que Chateaubriand mantinha, por meio dos jornais e emissoras de rádio, para desenvolver seus projetos pessoais, ganhavam força com a televisão. Empresário e, depois, parlamentar, Chateaubriand exercia influência sobre o poder político, seja qual fosse o governo.

Assis Chateaubriand utilizou-se da cadeia de rádio e jornais de sua propriedade para levar Getúlio Vargas novamente ao poder em 1950, numa eleição direta, depois de ajudar a derrubá-lo em 1945. O retorno triunfal de Vargas acabou acontecendo por meio das páginas dos Associados, num episódio até hoje obscuro. As relações de troca também aconteciam entre o então magnata da comunicação e os políticos estaduais e no Congresso. Foi assim quando quis se eleger senador, ao forçar uma eleição fora do período eleitoral. Do mesmo modo, utilizou-se desse poder na divulgação de matérias em que privilegiava presidentes e governadores (Morais, 1994, p. 494). Durante um discurso, Chateaubriand argumentou que tribunas impressas, radiofônicas e até as mágicas tribunas televisivas estavam a serviço dos Associados. Faltava a eles, no entanto, uma tribuna convencional na qual se pudesse falar em nome da cadeia como um todo (Morais, 1994, p. 517). Em 1961, Chateaubriand determinou – sem nenhuma condição técnica justificável, uma vez que ainda não existia o sistema de satélites para comunicação – a transmissão de Brasília da posse de Jânio Quadros para Minas, Rio e São Paulo.[15]

No segundo governo da ditadura militar, porém, a TV Tupi já sentia o desgaste e o afastamento de Brasília. Ao insistir em noticiar uma entrevista de dona Yolanda, mulher do então presidente Costa e Silva[16], sobre a doença e uma possível recuperação do marido, teve o sinal da emissora cortado. O telejornal *Repórter Esso* deu a notícia e a Rede Tupi saiu do ar por 24 horas. A suspensão foi declarada a mando do comandante do 1º Exército, general Syseno Sarmento.[17]

O primeiro político brasileiro que descobriu na televisão o poder de visibilidade imediata foi Juscelino Kubitschek.[18] Em 1956, logo após a posse, valeu-se do veículo para falar do Plano de Metas "50 anos em 5". JK, para mostrar os projetos de estradas e hidrelétricas que pretendia fazer, usou cartazes, mapas e painéis diante da televisão.[19] Coube a Carlos Lacerda, no entanto, ser o primeiro a encontrar na TV uma potência capaz de atingir e manipular a opinião pública (Morais, 1994, p. 517). Depois de quase impedir a posse de Juscelino em novembro de 1955, por meio das ondas do rádio, em 1961 fez um pronunciamento nos estúdios da TV Excelsior, acusando o então presidente Jânio Quadros de estar preparando um golpe de Estado.[20]

Logo depois da saída de JK e da eleição de Jânio[21], as redes de televisão controladas por grupos com os mais diferentes interesses – porém sempre com ideais voltados para o poder político e econômico – mudaram totalmente a abordagem dos discursos. Com a posse de Jânio Quadros, em 1961, houve uma guinada no país. O governo não mantinha bom relacionamento com o empresariado e não fazia acordo com o Congresso. Jânio Quadros[22] ficou isolado e, com isso, tendeu sempre a atitudes consideradas menores, como proibir biquínis e escrever bilhetinhos. Numa reunião com todos os chefes dos departamentos de jornalismo de rádio e televisão em São Paulo, ficou acertado que Jânio Quadros não apareceria na televisão.

A primeira demonstração de força da televisão num processo eleitoral no Brasil deu-se em 1974. Políticos atribuem a ela uma colaboração efetiva na vitória dos candidatos de oposição, e muitos deles tiveram seus direitos políticos cassados pelo regime militar em 1965.[23] "De um momento para outro, logo nos primeiros dias desses dois meses de campanha, passaram a ser tão conhecidos em seus estados quanto astros de novelas ou seriados de TV" (*Veja*, 20 nov. 1974, p. 35). A televisão, que obteve a maior audiência até então, foi – segundo os senadores eleitos na época – uma das responsáveis pela vitória esmagadora do MDB em todo o Brasil. O partido conseguiu ganhar a eleição em quase todos os estados, compondo um terço do Congresso.

Na Bahia, o descrédito em relação ao partido oposicionista e a supremacia da Arena eram tão fortes que, segundo reportagens da época, antes da eleição, os candidatos do governo consideravam a eleição ganha e nem quiseram utilizar o horário eleitoral. As TVs de Salvador, Itapuã e Aratu ficaram fora do ar no horário reservado ao Tribunal Regional Eleitoral (TRE). Os jornalistas da época também não previam o bom uso do veículo e apostavam na hegemonia do partido do governo, tal como na eleição anterior. Anunciavam que a Arena venceria as eleições com uma margem confortável de votos, e até mesmo o mais otimista militante da oposição não acreditaria numa enxurrada de vitórias nas disputas pelo Senado (*Veja*, 16 out. 1974, p. 20-7).

Depois das eleições, as análises das campanhas tomaram outro rumo. Os analistas diziam que os cabos eleitorais haviam sido aposentados pela televisão e que, provavelmente, seria aquele o momento de transição, em que os métodos tradicionais de fazer campanha eleitoral começavam a ser abandonados em favor da televisão. Orestes Quércia, candidato ao Senado por São Paulo, soube fazer bom uso da TV e garantiu 70% dos votos. Ele preencheu seu horário com filmes em que aparecia na rua como um cidadão comum ou dava palestras em frente às câmeras sobre a saúde pública e a política nacional de habitação. Com sua habilidade e intimidade com o vídeo, acabou conquistando o eleitor, que se transformou em "fã" do candidato. O publicitário Laércio Cavalcanti afirmou: "Nós entramos com o Quércia desconhecido e nunca vi na área política um produto ser promovido tão rapidamente" (*Veja*, 16 out. 1974, p. 23). Quércia, em vez de discurso, distribuía autógrafos como um herói de televisão.

No Recife, na vitória de Marcos Freire, que compôs seu programa com filmes e uma boa dose de emoção, utilizaram-se recursos como o som de *Morte e vida Severina*, poema de João Cabral de Melo Neto musicado por Chico Buarque, e cenas de corte de cana. Enquanto isso, em Santa Catarina, a campanha eleitoral na televisão popularizou tanto a música da Arena que ela começou a ser tocada nas boates. Para o senador Roberto Saturnino Braga, na época candidato ao Senado pelo MDB do estado do Rio de Janeiro, a televisão alterou a campanha eleitoral. Até então, ele nunca tinha montado uma máquina política para ganhar as eleições. O senador ficou conhecido pela televisão só dois meses antes da eleição e derrotou com 66% dos votos o candidato Paulo Torres, da Arena, que havia sido governador do Rio e era presidente do Senado.

A televisão também foi determinante para a eleição de Francisco Leite Chaves, desconhecido advogado do interior do

Paraná. Lançado candidato em 1974, como "cobaia", conseguiu vencer o aparato do governo estadual, que na época contava com um ministro no governo Geisel. Para Chaves, sem a televisão seria impossível a sua eleição e a dos quinze senadores que obtiveram vitória no país. "O MDB era apenas uma proposta política, uma discussão, um movimento. [...] a Arena era dominante em tudo, todos os quadros pertenciam à Arena."[24]

O resultado da eleição de 1974 contribuiu para que Paulo Pimentel, dono da emissora de televisão no Paraná, afiliada da Rede Globo, perdesse sua concessão. Ele pretendia ser candidato a governador pela Arena, mas um desentendimento com o ministro e ex-governador do estado, Ney Braga, impediu-o. O candidato escolhido pela situação perdeu e Pimentel foi acusado de ter ajudado a oposição. Como resultado, Ney Braga exigiu de Roberto Marinho, dono da Rede Globo, que as emissoras do grupo Paulo Pimentel fossem desligadas da rede. "Armando Falcão, ministro da Justiça do governo Geisel, foi o instrumento de pressão sobre o doutor Roberto para a exclusão de Paulo Pimentel da Rede Globo" (Borgerth, 2003, p. 151).

Até mesmo o ex-presidente Fernando Henrique Cardoso já dizia, na década de 1970, que, mais do que um partido, gostaria mesmo é de ter uma emissora de televisão. "Sabia o sociólogo que partidos, sindicatos e todas as demais organizações sociais que se constituiriam depois da ditadura não teriam jamais uma força comparável à da televisão" (Leal Filho, 2002, p. 70). A força e o domínio da televisão, especialmente em eleições, não são um privilégio do Brasil. Nos Estados Unidos, a fotogenia colaborou para a vitória de John Kennedy sobre Nixon no início da década de 1960. A série de debates entre os dois candidatos mostrava, pela televisão, um futuro presidente simpático e com boa intimidade com o vídeo e o então vice-presidente dos Estados Unidos sem preparo e até antipático diante das câmeras e aos telespectadores.

Na época, as pesquisas não comprovaram o fato de que a televisão tenha sido decisiva para a opinião do eleitor, mas o veículo já chamava a atenção como aparelho de influência e, a partir dali, passou a ser a grande arma ideológica do Estado no país.

> Durante os mil dias do governo, Kennedy continuou a explorar as vantagens – reais e aparentes – que sua bela imagem no vídeo lhe trazia. [...] O futuro imediato só comprovou as suspeitas de que aquele se tornara o mais poderoso instrumento político da história da humanidade. Quem determinasse o conteúdo das mensagens a serem por eles determinadas teria a capacidade de manipular as massas a seu bel-prazer. (Silva, 2004, p. 80)

Retornando a Chateaubriand, é sabido que ele dominou a mídia no Brasil durante pelo menos duas décadas. Só não usou mais a televisão para controle político porque morreu antes da instalação – por meio do Ministério das Comunicações e da Embratel – da rede de microondas: um sistema nacional de televisão.

Roberto Marinho, substituto de Chateaubriand, foi quem conseguiu realizar o projeto político de integração nacional dos militares. O governo militar que se instalava no poder precisava fixar suas bases políticas em instrumentos de propaganda, escolhendo para isso as Organizações Roberto Marinho. Como o pretexto do golpe militar tinha sido o de salvar o Brasil do comunismo internacional, vincular-se à posição adotada pelos Estados Unidos na Guerra Fria foi a atitude mais lógica. Com isso, o grupo de Roberto Marinho, que atuou como um dos críticos mais fortes da postura esquerdista de Jango, acabou sendo a escolha óbvia (Lopes, 2001, p. 53). Assim, Roberto Marinho montou um verdadeiro conglomerado e o usou para o exercício do poder. Embora Chateaubriand já houvesse utilizado expediente semelhante, quem implantou a racionalidade capitalista foi Roberto Marinho. Esse tipo de postura era algo desconhecido pelos Associados (Leal Filho, 2003).

Se, por um lado, a televisão brasileira tornou-se o principal meio de comunicação responsável por louvar as realizações da ditadura militar, por outro, nos momentos que antecederam o golpe de 1964, ela pode ter sido a peça-chave para expor a proximidade do governo com o Partido Comunista, argumento utilizado para o golpe. Uma entrevista de Luís Carlos Prestes[25] num programa jornalístico da TV Tupi[26] foi definitiva para a deflagração do processo. "Ele disse: 'Nós já somos governo, nos falta apenas o poder'. Muita gente usou essa frase logo depois." Essas atitudes demonstravam que as emissoras já preferiam o distanciamento do governo João Goulart. Na maioria, estavam a favor dos militares e contra a iminência da "invasão dos comunistas", e divulgavam reportagens de movimentos contra o governo, como as grandes "Marchas da Família com Deus pela Liberdade".

A única televisão que, de certa forma, dava apoio ao governo era a TV Excelsior, do Grupo Simonsen, emissora marcada como janguista e contra a qual havia muita pressão de Ademar de Barros, governador de São Paulo na época. A Excelsior tinha seus interesses particulares. Seu proprietário era dono da maior exportadora de café do país, a Companhia Paulista Comercial de Café (Comal); e da maior empresa de aviação brasileira, a Panair do Brasil. Por isso, dava apoio às iniciativas do governo pelas reformas a serem feitas no país, buscando uma política nacionalista.[27]

Após a renúncia de Jânio, quando os militares se pronunciaram contra a posse do vice, João Goulart, o empresário Simonsen foi o principal apoio da Campanha da Legalidade, liderada por Leonel Brizola. Em São Paulo, no escritório de Mário Wallace Simonsen, a resistência ganhou força. "O empresário decide mandar o diretor de suas empresas no exterior, Max Reshulski, resgatar Jango em Pequim, num vôo especial e extraordinário da sua Panair do Brasil" (Novis, 2004, p. 346).

Nesse dia, tiveram início os acontecimentos que culminariam na cassação da emissora. A princípio, porém, os outros negócios de Simonsen começavam ser minados: a Comal e seu proprietário foram acusados de manter relações ilícitas e vantajosas com o governo federal. Por isso, a companhia foi proibida de comercializar, além de ter cassada sua autorização para exportar. A empresa aérea do grupo, a Panair do Brasil, adquirida da Pan American por Simonsen e Celso da Rocha Miranda, única com vôos para a Europa, também foi cassada em fevereiro de 1965. Um despacho do presidente Castello Branco[28] determinava a imediata suspensão de todos os vôos da Panair[29]. "Enquanto os escritórios e hangares da companhia eram ocupados por militares, um Boeing 707 da Varig embarcava os passageiros que desciam do DC-8 da Panair, impedido de voar. Dois dias depois, veio a falência" (Novis, 2004, p. 346).

A Panair era considerada a segunda maior empresa privada nacional e ameaçava a hegemonia americana da qual a Varig era aliada, por trazer para o mercado brasileiro a tecnologia aeronáutica da Europa. "O dia 11 de fevereiro de 1965 iniciou-se abrindo um novo capítulo na história da aviação comercial brasileira. Pela primeira vez, saía do país um avião de outra bandeira, que não da Panair do Brasil, para o Velho Continente" (Sasaki, 2006, p. 33-4).

As outras empresas do grupo tiveram o mesmo destino. A TV Excelsior, criada em 1959, havia sido a única empresa de televisão a se opor ao regime militar de 1964. A emissora foi invadida e fechada logo após o golpe, e os donos se exilaram em Paris. Em 1970, o governo cancelou a concessão da emissora. Fernando Barbosa Lima aponta que a derrocada da Excelsior marcou uma fase ruim da TV brasileira. "O Simonsen se suicidando em Paris e o Chateaubriand agonizando em uma cadeira de rodas em São Paulo. Quando o Chateaubriand morre, o grupo Time-Life já estava no Brasil e aí começa a Rede Globo".[30]

O fechamento da Panair do Brasil e da TV Excelsior consistiu em um caso de abuso do poder militar em benefício de grupos empresariais e políticos mais próximos ao regime, como a Varig e a Rede Globo. Ao aproveitar-se da lacuna deixada por outras redes e com o apoio do regime militar, a Rede Globo cresceu e se transformou na mais poderosa e lucrativa rede de televisão brasileira.

O CONTROLE POLÍTICO EM REDE NACIONAL

As Organizações Roberto Marinho formam o maior conglomerado de comunicação do Brasil. Em 2005, o Instituto de Estudos e Pesquisa em Comunicação (Epcom) apresentou um levantamento com o seguinte quadro: o grupo tem 26 emissoras de televisão no sistema VHS, sete rádios AM e seis FM, além de quatro jornais, uma editora com onze títulos de revistas, duas gravadoras, cinco canais de TV a cabo e mais uma operadora de TV por assinatura e um provedor de internet.[31]

O domínio do mercado, segundo as pesquisas, não pára por aí: são 204 veículos afiliados à Rede Globo, controlados por grupos e conglomerados familiares em pelo menos onze estados, cobrindo 99,8% do território brasileiro. A Globo detém 45% de toda a verba publicitária destinada à mídia e 78% da verba publicitária da TV aberta estão com a emissora do Grupo Marinho. Em 2005, a Globo diminuiu também sua participação na empresa de TV via satélite Sky Brasil, ficando com 28% das ações ordinárias. O restante foi vendido a Rupert Murdoch, australiano, proprietário da Fox, nos Estados Unidos, que assim passou a deter cerca de 95% do mercado brasileiro de TV por assinatura via satélite (Gindre, 2006).

A superioridade da Rede Globo em relação às outras emissoras e mídias do país ainda é evidente. Em 2005, ela teve um faturamento de 4,3 bilhões de reais, quase três vezes o faturamento da Record e do SBT juntos (Lima, 2006b, p. 102). Para Bucci[32], ainda é a Globo quem agenda os assuntos políticos da mídia em geral. Ela tem uma presença hegemônica no espaço público brasileiro. Segundo ele, tudo que é mostrado por essa emissora tende a ser um assunto predominante e influencia os demais veículos.

AS MOEDAS DE TROCA COM O PODER

A concessão da Rede Globo foi aprovada em julho de 1957 pelo presidente Juscelino Kubitschek. O decreto concedendo o canal 4 do Rio de Janeiro foi publicado em dezembro daquele ano, porém a TV só foi implantada em 1965, no Rio de Janeiro, e em 24 de março de 1966, em São Paulo. O canal da TV Globo do Rio era destinado à maior emissora de rádio do país – a Rádio Nacional – e o presidente a concedeu à família Marinho para evitar que os veículos das organizações continuassem com críticas ao seu governo.[33]

A controvérsia na concessão e aquisição de emissoras não se restringiu à primeira TV do grupo – a compra da TV Globo de São Paulo pode ter sido ilegal. A TV Paulista canal 5, de São Paulo, pertencia ao grupo Victor Costa e à família Ortiz Monteiro. Os irmãos Ortiz Monteiro entraram na Justiça alegando que Marinho teria usado documentos falsos para assumir o controle da emissora. A sentença da Ação Declaratória de Inexistência de Ato Jurídico em trâmite na 42ª Vara Cível da Comarca da Capital do Rio de Janeiro declara que a transferência do controle acionário da emissora foi feita de modo fraudulento, com a utilização de documentos tidos como falsificados pelo laudo pericial do Instituto Del Picchia, confeccionado mediante solicitação dos autores.

O relatório da perícia do Instituto informa que os recibos e as procurações, apesar de datados de 1953 e 1964, foram produzidos em 1975, em uma mesma máquina de datilografia. A perícia concluiu que outros recibos, datados de 5 de dezembro de 1964, também teriam sido datilografados depois de 1971, visto que a máquina usada só foi lançada no Brasil naquele ano. O laudo também dizia que a família Marinho havia apresentado outros documentos falsos fotocopiados para abonar a ilegal transferência do controle acionário da emissora de São Paulo.

Em 2003, a procuradora da República em São Paulo, Melissa Garcia Lagitz de Abreu e Silva, emitiu parecer comprovando as falsificações de documentos e outras irregularidades cometidas. Apenas um único veículo de imprensa divulgou o fato: a *Tribuna da Imprensa*. "Diante dessa constatação do Instituto Del Picchia, os autores da ação denunciaram formalmente a falsidade dos documentos, e a técnica documentoscopista Denise Gonçalves Rivera foi então nomeada para atuar como perita judicial no processo" ("Juíza decidirá ação da Globo", 2005).

A compra da TV Paulista e de outras emissoras fez que, entre 1965 e 1982, o grupo de Roberto Marinho passasse de detentor de uma concessão à condição de quarta maior rede de TV do mundo – atrás apenas das três grandes norte-americanas: ABC, CBS e NBC (Ramos, 1988, p. 121). A Globo, que surgiu um ano depois do golpe militar, desempenhou papel fundamental na consolidação do autoritarismo no Brasil. Marinho disse, certa vez, que não acreditava ser o homem mais influente do país, mas admitia exercer influência: "O que faço é sempre com vistas ao bem do meu país" ("Roberto Marinho, o comunicador do século", p. 2).

Bolaño (2005, p. 41) observa que, quando a Globo foi criada, já estava em vigor o Código Brasileiro de Telecomunicações, aprovado em 1962. Como o Código nada mais era que uma fonte de controle político, não conseguiu evitar as relações clientelistas da Rede. No entender do autor, o CBT só proporcionou a ela "a energia necessária para se transformar em potência econômica e política que ostenta hoje".

Em 1966 e nos anos que se sucederam ao golpe, o projeto de Roberto Marinho já estava sedimentado no capital estrangeiro. Então, houve a implantação definitiva da rede aliada ao projeto do Planalto de unir o país por meio da televisão. No final da década de 1970 e início dos anos 1980, no prenúncio de um retorno ao poder civil, a Globo já procurava o distanciamento dos militares. Em 1983, na escolha de Paulo Maluf como candidato à Presidência, nome que representava o regime, Marinho já demonstrava contrariedade a essa possibilidade. E, como noticiou a revista *IstoÉ* ("O fazedor de reis...") na época, comunicou ao presidente João Baptista Figueiredo que não apoiaria Maluf.

No final do mesmo ano, como relata Lima (2006, p. 85), o *Jornal Nacional* cobriu em detalhes a brutal agressão cometida pelo comandante militar do Planalto, Newton Cruz, contra o jornalista de uma emissora de rádio local em Brasília. "Foi a mais clara e evidente manifestação de desacordo entre a RGTV e o regime militar" (Lima, 2006b, p. 85). Mas, embora a Rede Globo quisesse excluir o rótulo de oficialista, alguns episódios ainda mostravam sua cumplicidade com o regime militar. Um deles, a não-adesão à campanha das Diretas-já, em 1984; antes disso, a não-divulgação da verdade sobre o conhecido caso Riocentro[34]. A primeira câmera de vídeo que chegou ao Riocentro, na explosão, era da Globo e gravou as imagens logo depois da explosão. Por pressão dos militares, a emissora nunca liberou as imagens – elas jamais foram exibidas. Wilson Serra[35] confirma que a fita ficou escondida com Armando Nogueira durante muito tempo, mas, quando da reabertura do caso, ela não foi encontrada e uma cópia, inclusive com imagens da bomba que não explodiu, ficou com Roberto Marinho.

A DENÚNCIA DE UM SUPORTE

A TV Globo começou suas atividades em 1965, porém em 1962 Roberto Marinho já havia assinado o contrato de colaboração, financeira e técnica, com o grupo americano Time-Life. O acordo previa a participação nos lucros da emissora, contrariando o artigo 160 da Constituição, que não permitia a associação de companhias estrangeiras com empresas de comunicação brasileiras. O contrato deu vantagens decisivas a Roberto Marinho. Vantagens da ordem de 5 milhões de dólares, um número muito superior em relação ao orçamento das outras emissoras. A melhor emissora do Grupo Tupi, por exemplo, tinha sido montada com 300 mil dólares. Além disso, na época, a Globo assinou um contrato pelo qual a empresa norte-americana se comprometia a trazer para o Brasil os melhores técnicos e equipamentos e, principalmente, a publicidade das multinacionais.

O enviado da Time-Life, assegura Chagas[36], decidiu por um bom tempo o que ia ao ar, apesar de se apresentar com um cargo técnico. "A Globo mudou de cara. Passou a ser administrada pelo americano, que veio para mandar no Roberto Marinho, chamado Joseph Wallach. Ele veio em nome da Time-Life e era ele quem mandava." O contrato principal também determinava que a TV Globo deveria fornecer balanços mensais e anuais e permitir que a Time-Life tivesse acesso a todos os assuntos financeiros e comerciais da emissora. No convênio constava que o grupo americano poderia visitar e inspecionar qualquer das propriedades da sociedade, participar e examinar livros e arquivos. Pelo contrato, a Time-Life tornava-se proprietária de 30% do patrimônio da TV Globo.

Logo depois do golpe militar em 1964, alguns congressistas, principalmente os representantes de outras emissoras, como João Calmon, presidente do condomínio dos Diários Associados, denunciaram o acordo no Congresso, o que culminou com a criação de uma CPI, mas com certa dificuldade. A presidência da CPI coube ao então deputado do Rio de Janeiro Roberto Saturnino Braga, que a aceitou depois de impor condições, como a escolha do relator. Como era o seu primeiro mandato, o deputado sentiu-se pressionado e na obrigação de assumir a presidência, já que uma CPI para investigar qualquer veículo da mídia sempre causava incômodo aos parlamentares. Para o cargo de relator foi escolhido o deputado Djalma Marinho, do Rio Grande do Norte.

Na Comissão, havia o deputado Eurípedes Cardoso de Menezes, do então estado da Guanabara, ligado às Organizações Roberto Marinho. Saturnino Braga[37] relata que, no final dos trabalhos, o parlamentar começou a valer-se de dispositivos regimentais para adiar a apresentação do resultado, pedindo vistas e chamando mais gente para depor, para que a CPI perdesse o prazo de entrega do relatório; mas Saturnino Braga também usou de um artifício para concluir os trabalhos, apresentar e votar o relatório: "Convocamos uma reunião na sexta-feira, em um dia em que todo mundo vai para seus estados. Fizemos a reunião sem a presença do Eurípedes, mas com todos os outros, e o relatório foi aprovado por unanimidade, condenando o contrato". Braga sofreu retaliações, segundo ele, com a colaboração da Globo. No ano seguinte, no período eleitoral, teve a candidatura impugnada com a alegação de que ele era um assessor técnico do Partido Comunista.

Mesmo depois de encerrar o contrato com o grupo americano, a emissora ainda obteve benefícios (e do próprio governo) para liquidar a dívida. Os benefícios eram resultado de um decreto que o ministro da Fazenda Delfim Netto levou ao presidente Costa e Silva, em março de 1968, isentando as emissoras de rádio e televisão do pagamento de impostos sobre equipamentos importados. A maior beneficiada, afirma Gaspari (2002, p. 215), foi a Rede Globo. "Financeiramente, além de reequipá-la ao dólar oficial, permitiu que a diferença cambial atenuasse o custo da liquidação de um contrato com o grupo americano rede ABC Time-Life."

Outro episódio mais recente fez a Globo voltar ao Congresso Nacional. Desta vez, para pressionar deputados e senadores na votação da emenda constitucional que permitia a entrada de 30% de capital estrangeiro para as empresas de telecomunicações, alterando o artigo 222 da Constituição. "Quando estourou a dívida da *holding* Globopar, oriunda de seus investimentos em televisão por assinatura, a Globo mobilizou o Congresso Nacional e aprovou a Emenda Constitucional nº 36" (Ramos, 2005, p. 71).

Saturnino Braga[38] relata ser dele o único voto contrário, estando diretores da Globo lá para tentar garantir a aprovação da emenda; havia dúvida se era conveniente colocar em votação naquele dia ou se era melhor esperar a garantia de quórum. "Mas quem decidiu foi esse diretor da Globo que estava na tribuna de imprensa, houve senadores que iam lá consultá-lo e disseram que podia colocar em votação que seria garantido."

INTERFERÊNCIAS POLÍTICAS DO GRUPO MIDIÁTICO

O episódio da votação da emenda no Congresso Nacional mostrou que a mídia no Brasil, ou ao menos as Organizações Globo, ainda desfruta de muita influência. Mas, há pouco mais de duas décadas, não foi apenas influência: a direção do grupo – leia-se Roberto Marinho – já tomou medidas para si que eram prerrogativas do presidente da República, como a escolha de ministros de Estado. A do ministro das Comunicações, Antonio Carlos Magalhães, compadre de Roberto Marinho, ocorreu horas depois da eleição, no Colégio Eleitoral, de Tancredo Neves, em 1985[39]. Tancredo almoçava com Roberto Marinho, numa conversa particular noticiada apenas por *O Globo*. Antonio Carlos Magalhães também participou do almoço. Ex-governador da Bahia e aliado importantíssimo da vitória de Tancredo, Magalhães seria seu ministro das Comunicações.

Questionado pelo presidente do PMDB, Ulysses Guimarães[40], sobre o porquê de ACM para ministro das Comunicações, Tancredo respondeu: "Eu brigo com o papa, com a Igreja Católica, com o PMDB. Só não brigo com o doutor Roberto". Em 1985, José Sarney, depois da morte de Tancredo, teria ligado para Roberto Marinho para que o "ajudasse" na escolha do ministro da Fazenda. Marinho teria indicado Mailson da Nóbrega e Sarney ainda pediria que ele noticiasse no *Jornal Nacional*.

A Globo, por meio do telejornalismo, foi a responsável pela fama de Mailson como candidato a ministro e também pela informação de que o próprio Roberto Marinho "autorizara" sua nomeação e a anunciara pela TV, antes mesmo que ele soubesse (Nóbrega in Sandenberg, 1999, p. 48-52). Mailson conta que, logo depois de negociar com exportadores a questão de isenção ou não de impostos nas exportações, foi chamado à TV Globo para uma entrevista no *Jornal da Globo*. A entrevista teve boa repercussão e, aí, começaram as especulações de que seria efetivado.

Apesar do "bom desempenho" de Mailson, o presidente Sarney disse que ainda não podia anunciar seu nome, porque antes precisava "aparar algumas arestas", e pediu que ele fosse conversar com Roberto Marinho, já que o presidente das Organizações Globo preferia outro funcionário de carreira do Banco do Brasil: Camilo Calazans. "Fui lá e fiquei mais de duas horas com o doutor Roberto Marinho [...], parecia que eu estava sendo sabatinado. De volta ao Ministério, entro no gabinete e aparece a secretária: 'Parabéns! O senhor é o ministro da Fazenda, deu no plantão da Globo'" (Nóbrega in Sandenberg, 1999).

O temor de políticos a Roberto Marinho fazia-o ainda mais poderoso. Conti (1999, p. 494) relata que Fernando Collor – eleito presidente em 1989 – certa vez pediu ao ministro da Saúde, Alceni Guerra, para abrir um canal de comunicação entre ele e Leonel Brizola, eleito governador do Rio, mas "Alceni não queria ser o elo do Planalto com Leonel Brizola porque sabia que Roberto Marinho era inimigo de Brizola e não queria ser hostilizado pela Rede Globo". As greves de trabalhadores sempre foram um bom exemplo de alienação e descompromisso social da Rede Globo. Simões (2003, p. 85) aponta que a TV Globo sempre se mostrou favorável ao patronato, obrigando repórteres a esconder o logotipo da emissora, pois havia o risco de sofrer agressões nas ruas.

Na História mais recente, há uma prova de que a Globo não consegue ser simpática ao público mais crítico. Em 2001, durante uma manifestação de estudantes na avenida Paulista, em São Paulo, as equipes de reportagem da emissora escondiam seus crachás. "Porta-voz da ditadura por longos anos, a Globo começou a revelar melhor sua face durante as greves do ABC, quando participantes do movimento viam à noite, nos telejornais, uma realidade diferente daquela vivida por eles horas antes nas ruas" (Leal Filho, 2001, p. 64).

Esse noticiário enviesado da emissora engavetou muitas reportagens e documentários, como um sobre os metalúrgicos e o ABC, que destacava a figura de Lula. "As pessoas queriam apedrejar quando estávamos fazendo esse documentário. Foi preciso o líder do sindicato dos metalúrgicos dizer que era tudo gente boa."[41] A influência das emissoras de televisão sobre a opinião pública ocorre com mais ênfase em programas jornalísticos. No caso da Rede Globo, a situação é mais grave, já que ela produz o principal telejornal brasileiro, com uma média de 45 pontos de audiência no Ibope[42] – um dos programas jornalísticos de maior audiência da televisão brasileira de todos os tempos, o *Jornal Nacional*. O telejornal é, há quase quarenta anos, um dos agentes participantes da história política brasileira.

⸻

NOTAS

1 A pesquisa do IBGE está disponível em: <http://www.ibge.gov.br/brasil_em_sintese/tabelas/habitacao.htm>. Acesso em 27 ago. 2006.
2 Dados coletados em: <http://www.ibge.gov.br/home/estatistica/populacao/trabalhoe rendimento/pnad2006/comentarios2006.pdf>. Acesso em 27 ago. 2006.
3 A Rádio Nacional foi inaugurada em 14 de setembro de 1936, no Rio de Janeiro, e foi encampada pelo governo federal em 8 de março de 1940.
4 Getúlio Vargas foi o líder civil da Revolução de 1930 e presidente do Brasil de 1930 a 1945 – no Governo Provisório (1930-34), no Governo Constitucional (1934-37) e no Estado Novo (1937-45), quando foi eleito pelo Congresso Nacional. Também presidiu o Brasil de 1951 a 1954, eleito pelo voto direto. Suicidou-se em 24 de agosto de 1954.
5 A televisão foi inaugurada no Brasil em 18 de setembro de 1950 pelo jornalista Assis Chateaubriand, dono dos Diários Associados.
6 João Goulart, conhecido por Jango, foi presidente do Brasil de 1961 a 1964. Vice de Jânio Quadros, assumiu após a renúncia deste e foi deposto pelo regime militar em 1964. Morreu em 1976, no exílio.
7 Informações disponíveis na *homepage* da entidade: <www.abert.org.br>. Acesso em 24 ago. 2006.
8 Para saber mais sobre a criação da Abert, confira Ramos (2005, p. 67).
9 Artigo 223, § 2º e § 4º da Constituição Federal.
10 A Rede Record de Televisão começou com a TV Record de São Paulo, em 1953, e pertencia ao grupo de Paulo Machado de Carvalho. Desde 1990 a Rede pertence à Igreja Universal do Reino de Deus.
11 A TV Excelsior de São Paulo, inaugurada em 9 de julho de 1960, foi a primeira emissora da Rede Excelsior, extinta em 30 de setembro de 1970. Era de propriedade da família Simonsen, dona também da Panair do Brasil, então a maior empresa de aviação do país.
12 A TV Tupi, rede de televisão pioneira no Brasil e na América Latina, começou a ser construída por Assis Chateaubriand em 1950, quando da inauguração da PRF3 TV Tupi de São Paulo, em 18 de setembro. Teve a concessão cassada em 18 de julho de 1980.
13 "Estive com o senhor Adolfo [Bloch] e ele disse que esteve com o Roberto Marinho e pediu uma ajuda, porque o governo ia dar essa concessão para a Abril e, se desse para a Abril, eles quebrariam a Manchete. [...] O senhor Adolfo dizia: 'Eu quero atrapalhar e, na pior das hipóteses, vou rachar'. [...] Aí a *Veja* publicou uma matéria muito desagradável

sobre o Figueiredo, dizendo que ele gostava mais de cavalos do que de gente, teve uma repercussão muito grande e tiraram da Abril" (Rubens Furtado, jornalista, em entrevista à autora; São Paulo, 1999).

14 A Rede Manchete e o Sistema Brasileiro de Televisão foram estruturados, respectivamente, pelos grupos Bloch e Silvio Santos a partir de 1980, com o espólio da Tupi. A Manchete foi inaugurada em 5 de junho de 1983 e fechou as portas em 1999. O SBT abriu as portas em 1982 e é o segundo grupo de televisão do país, embora dispute a vice-liderança de audiência com a TV Record em alguns horários.

15 O jornalista Saulo Gomes (em entrevista à autora; São Paulo, 1999) lembra que os técnicos, amarrados em cordas e pendurados em helicópteros, iam jogando bombas nas serras e abrindo clareiras para implantar antenas e garantir a primeira transmissão a distância.

16 Artur da Costa e Silva – segundo presidente do regime militar instaurado em 1964 – governou o país de 1967 a 1969. Morreu em dezembro de 1969.

17 "A censura era exercida pelos comandantes dos quatro Exércitos naquele período e, no Rio, era o Syseno Sarmento, que era também candidato a presidente. Suspendeu a TV Tupi do Rio e não suspendeu a de São Paulo. Veja a que ponto de horror o Brasil chegou. Os comandantes dos quatro Exércitos eram donos de tudo, inclusive da imprensa" (jornalista Carlos Chagas, em depoimento à autora; Brasília, fevereiro de 2006. Chagas foi assessor de comunicação de Costa e Silva).

18 Juscelino Kubitschek foi presidente do Brasil de 1956 até 1960. Morreu em 1976.

19 Saulo Gomes, em entrevista à autora; São Paulo, 1999.

20 Carlos Lacerda, jornalista e político brasileiro, ex-governador do extinto estado da Guanabara. Morreu em 1977.

21 Jânio Quadros foi presidente da República de janeiro a agosto de 1961, quando renunciou. Morreu em 1992.

22 "Nós não deixaríamos de dar notícias que fossem importantes do presidente ou do seu governo, mas o seu nome não seria citado e a sua imagem não apareceria na televisão. Mas, nessa ocasião, houve um batizado coletivo, trinta crianças batizadas na Igreja de Santa Cecília, no Centro de São Paulo, e o Jânio era um padrinho. A Tupi ficou encarregada de fazer o filme e distribuir. [...] Então, eu recomendei ao Sabu [cinegrafista] que fizesse o filme focalizando apenas as crianças e os braços do Jânio, mas que não aparecesse o rosto dele" (jornalista João Batista Lemos, em entrevista à autora; Brasília, 1999).

23 Na eleição de 1974 existia o bipartidarismo, implantado pelo Ato Institucional nº 6 em abril de 1965, cujos partidos eram a Aliança Renovadora Nacional (Arena), fundada no dia 4 de abril de 1966, e depois transformada em Partido Democrático Social (PDS), em 1980; e o Movimento Democrático Brasileiro (MDB), criado em 24 de março de 1966, e mais tarde tornado PMDB com o fim do bipartidarismo.

24 Francisco Leite Chaves, em entrevista à autora; Londrina, março de 2006.

25 Luís Carlos Prestes foi militar e político do Partido Comunista Brasileiro. Morreu em 1990.

26 *Pinga Fogo*, programa de entrevistas e debates exibidos pela Rede Tupi nas décadas de 1960 e 1970. João Batista Lemos, em entrevista à autora; Brasília,1999.

27 João Batista Lemos, em entrevista à autora; Brasília, 1999.

28 Primeiro presidente do regime militar instaurado pelo golpe de 1964.

29 Conteúdo do despacho: "Por determinação do Ex.mo Sr. Presidente da República exarada na Exposição de motivos nº 26 de 10 de fevereiro de 1965, ficam, a partir desta data, suspensas as concessões de linhas nacionais e internacionais outorgadas à Panair do

Brasil S.A. a título precário, sendo estas últimas concedidas, nesta data, à Varig, também a título precário".

30 Fernando Barbosa Lima, em entrevista à autora; Rio de Janeiro, agosto, 1999.

31 Dados disponíveis em: <http://www.fndc.org.br/arquivos/donosdamidia.pdf>. Acesso em 30 mar. 2006.

32 Eugênio Bucci, em entrevista à autora; Londrina, fevereiro de 2006.

33 "Quando Juscelino decidiu dar o canal para a Rede Globo, foi para negociar e apanhar menos do jornal *O Globo* e da Rádio Globo. O Carlos Lacerda [...], considerado um grande líder, chamado de 'o derrubador de presidentes', pressentiu que o Juscelino seria eleito em 1955 e, em um programa da Rádio Globo, disse: 'Juscelino e Jânio são ladrões e como tal não devem ser candidatos; se candidatos, não devem ser eleitos; se eleitos, não devem tomar posse; e se tomarem posse os tirarei do governo a tapas" (Saulo Gomes, em entrevista à autora; São Paulo, 1999).

34 O atentado no Riocentro resume-se à pretensão de um ataque a bomba contra o Pavilhão Riocentro, no Rio de Janeiro, onde se realizava um *show* em homenagem ao Dia do Trabalho, no dia 30 de abril de 1981. Só que a bomba explodiu dentro de um carro com militares, matando um deles.

35 Wilson Serra, jornalista, editor do *JN* na época e chefe de jornalismo da Rede Paranaense de Comunicação, em entrevista à autora; Curitiba, 1999.

36 Carlos Chagas, jornalista e ex-secretário de Comunicação do governo Costa e Silva, em entrevista à autora; Brasília, fevereiro, 2006.

37 Roberto Saturnino Braga, em entrevista à autora; Brasília, fevereiro de 2006.

38 Idem.

39 Tancredo Neves foi eleito presidente do Brasil pelo Colégio Eleitoral, em 1985, mas não chegou a tomar posse. Faleceu no dia 21 de abril de 1985.

40 Ulysses Guimarães, líder político no Brasil, um dos fundadores e presidente do PMDB e um dos destaques da campanha Diretas-já. Morreu em 1992.

41 Fernando Pacheco Jordão, jornalista, trabalhou na TV Excelsior, na Cultura e na Globo, em entrevista à autora; São Paulo, 1999.

42 Dados divulgados pelo Ibope em 2004.

2
O *Jornal Nacional*

O *Jornal Nacional* é o telejornal mais antigo do Brasil e também o mais assistido. O Ibope registrava, entre janeiro e agosto de 2004, 31 milhões de telespectadores por minuto em 68% dos televisores ligados (*Veja*, 1º set. 2004). Para medir a importância do *JN*, não só para o telespectador comum, basta repetir a fala do presidente do PFL, Jorge Bornhausen. "É preciso mobilizar para entrar no *Jornal Nacional*. O Álvaro [Dias, senador do PSDB-PR][1] tem razão: nosso objetivo se chama *Jornal Nacional*. Quem ganhar no *Jornal Nacional* ganha a eleição" ("Bornhausen quer ver...", 20 jul. 2006)[2]. Ou de Bucci (2002, E1), um dia depois da eleição de 2002, quando Lula foi recebido para uma entrevista ao vivo no *JN*. "Na viagem que leva ao poder, o *Jornal Nacional* é escala obrigatória."

O *Jornal Nacional*, desde a sua estréia, em 1969, sempre foi gerado no Rio de Janeiro e transmitido em rede nacional. Primeiro programa a se utilizar do sistema de rede de microondas estruturado pelo governo militar na década de 1960, o jornal tornou-se um porta-voz governamental, uma vez que conquistou sua hegemonia quando da implantação da rede nacional. No início, o alvo do comando militar era bem claro: a possibilidade de exercer um controle por meio de um jornal de rede. "É por isso que, quando foi criada a Embratel no Brasil, o que se queria era o controle da TV usando Rio e São Paulo para isso. Todas as TVs locais praticamente desapareceram. O *Jornal Nacional* veio nesse bojo, nesse negócio da ditadura. Aquilo de você poder dar a notícia aqui e, lá no Amazonas, o cara ouvir a notícia que o General tal queria que saísse."[3]

Para os diretores do telejornal, o objetivo do lançamento do *JN* também era o de desbancar o famoso *Repórter Esso*, da Tupi, e transformar a emissora na primeira rede de televisão do Brasil. "O objetivo era gerar uma programação uniforme para todo o país, diluindo, assim, os custos de produção dos programas" (*Veja*, 1º set. 2004, p. 28). A inclinação política governamental, pelo menos naquele momento, era clara: a primeira notícia foi o anúncio dos nomes que compunham a junta militar que comandava o país em conseqüência da doença de Costa e Silva. O primeiro VT, uma entrevista do então ministro da Fazenda Delfim Netto. "A fala do ministro da Fazenda, Delfim Netto, levou uma palavra de tranqüilidade para todos os brasileiros, graças à formação da primeira rede nacional de informação jornalística" (Souza, 1984, p. 16-7).

Estudos realizados na primeira década de existência do telejornal sugeriram que o seu papel era o de influenciar as "massas" e promover a manipulação de informações para servir à ideologia dominante. Carvalho (1980, p. 31) afirma que, "com o surgimento do *JN* coincidindo com o endurecimento do regime militar brasileiro, o noticiário configurava-se como a voz do Estado militar, seguindo uma linha editorial oficialista". A Globo, durante toda a ditadura, nunca noticiou tortura, prisão de estudantes, operários ou jornalistas; ao contrário, divulgou fotos e nomes de pessoas procuradas para que se facilitasse a prisão, como atesta Frei Betto em depoimento sobre sua detenção no auge da ditadura. Ele contou que estava escondido num convento em Santa Catarina e, pelo *Jornal Nacional*, viu sua foto como comunista procurado. Foi encarcerado logo depois.[4]

No período da ditadura, o telejornal era pautado por noticiário internacional e sobre o "milagre econômico". É do presidente Médici a definição do que era o *JN*, em 1973[5]: "Sinto-me feliz, todas as noites, quando ligo a televisão para assistir ao jornal [*JN*]. Enquanto as notícias dão conta de greves, agitações, atentados e conflitos em várias partes do mundo, o Brasil marcha em paz, rumo ao desenvolvimento".

A Rede Globo sempre inseriu o *Jornal Nacional* entre duas novelas, fazendo o famoso "sanduíche". Só que muitas vezes ela se utiliza das reportagens do telejornal para agendar sua própria programação e chega a fazer um trabalho híbrido entre realidade e ficção. Em 2002, por exemplo, o telejornal noticiou maciçamente o reencontro de Pedrinho, adolescente que havia sido seqüestrado quando bebê e encontrado depois de dezesseis anos. O caso foi inserido em toda a programação da rede e serviu de base para a novela *Senhora do destino*, em 2005.

Telejornalismo e telenovela pactuam entre si uma divisão de trabalho para a consolidação da realidade discursiva: "Enquanto certas formulações do telejornalismo governista mais pareciam peça de ficção, muitos dados da realidade bruta entraram para a pauta nacional a partir das telenovelas. Assuntos que eram tabus no noticiário ganharam o debate público pela porta da telenovela" (Bucci e Kehl, 2004, p. 225).

Depois de chegar a mais de 70% de audiência, o *Jornal Nacional*, na década de 1990, teve a supremacia ameaçada por novelas mexicanas do SBT, pela novela *Pantanal*, da Rede Manchete, e por telejornais sensacionalistas como o *Aqui Agora*, também do SBT. Tal ameaça fez o jornal alterar horário e linha editorial. Na época, circulou na redação das emissoras da Rede a ordem para que as reportagens contivessem mais "emoção" e as matérias policiais ganharam mais espaço, com cenas de violência, diferentemente da linha editorial do telejornal até então.

Havia quase quarenta anos que o telejornal seguia a mesma fórmula rígida: o mesmo tom austero, reportagens curtas, repórteres treinados e específicos para o "padrão". O estilo de dramatizar a apresentação só mudava na última matéria, em geral uma reportagem apelativa, cômica ou bizarra.

Em 2002, o programa apresentou, pela primeira vez, entrevistas ao vivo no estúdio, por ocasião da eleição presidencial. Foram doze minutos considerados valiosos para os candidatos. No mesmo ano, logo após a eleição do presidente Lula e até 2006, o telejornal passou a exibir charges, normalmente com sátiras políticas. Bonner[6] chegou a reconhecer que a charge destoava do formato e que não gostava do recurso, mas afirmou que não foi uma opção sua e que o público aprovou.

O *Jornal Nacional* é montado com matérias, em geral, das praças – emissoras de propriedade ou afiliadas da Rede. As reportagens são oferecidas pelos editores de rede dessas emissoras. A discussão da *pauta* e do *espelho*[7] do jornal já começa pela manhã, em um contato com os produtores da emissora. No início da tarde, as reportagens são oferecidas e o editor-chefe dá a palavra final, se vai ou não colocá-las no noticiário. Segundo Bonner, ele só não decide sozinho sobre as matérias de política. Nesse caso, a consulta é feita ao diretor-executivo, Ali Kamel.

Em 2006, o formato do *JN* sofreu outra alteração: o telejornal foi "espelhado" com um primeiro bloco de 30 a 35 minutos, sem intervalos. As matérias mais "quentes", que antes abriam o jornal, foram deixadas para o fim. Nenhum estudo confirmou, mas tudo indica que as mudanças remetiam aos mesmos objetivos dos anos 1990: vencer a ameaça de um programa do canal concorrente, no caso a telenovela *Prova de amor*, da Record. A *Folha de S.Paulo* divulgou que o Ibope apontava no dia 18 de janeiro, na Grande São Paulo, *Prova de amor* com 25 pontos de audiência, contra 21 do *JN*. Na seqüência, a Rede Record divulgou números do Ibope no Rio que mostravam que a novela tinha em média 22 pontos de audiência, ao passo que o *Jornal Nacional* alcançava 20 pontos.[8]

É indiscutível a importância do *Jornal Nacional* como noticiário, mas houve muitos momentos de demonstração de descompromisso com a informação e com o telespectador. Em agosto de 1998, o nascimento da filha da apresentadora Xuxa ocupou dez minutos do telejornal. Foi a reportagem mais longa já vista até então no noticiário, enquanto outras notícias políticas ou de economia, como o leilão da Telebrás, no mesmo dia, não mereceram nem dois minutos (Cimino, 2004, p. c.5).

A OMISSÃO NAS DIRETAS-JÁ

A cobertura na campanha pelas eleições diretas, em 1984, e nas eleições de 1982 para o governo do estado do Rio de Janeiro e de 1989 para presidente foram alguns dos momentos em que o papel tendencioso do *Jornal Nacional* ficou mais evidente. A campanha das Diretas-já foi um movimento que atingiu todo o Brasil, em 1984, pela aprovação da Emenda Dante de Oliveira[9], que restabelecia a eleição direta para presidente da República.

A Rede Globo praticamente ignorou o movimento pelas Diretas, que mobilizava o país, e o *Jornal Nacional*, principal telejornal da Rede, omitia qualquer evento da campanha e até distorcia os fatos. Em São Paulo, entre 250 mil e 300 mil pessoas foram à Praça da Sé no dia 25 de janeiro de 1984, dia do aniversário da cidade, para um comício pelas Diretas. Todos os órgãos da grande imprensa cobriram o ato público e foi a grande notícia do dia e da semana. Só o *Jornal Nacional* fez diferente: noticiou o evento como se fosse uma festa comemorativa e concentrou-se na presença de artistas, reduzindo a relevância da informação.

Para Bucci (2000, p. 29), o *Jornal Nacional* enganou o telespectador naquela noite e prosseguiu enganando durante semanas. Ele lembra que a *chamada*[10] do *JN* no dia 25 de janeiro de 1984 era um boicote explícito ao comício pelas Diretas. O texto lido pelo apresentador Marcos Hummel dizia: "Festa em São Paulo, a cidade comemora seus 430 anos em mais de quinhentas solenidades. A maior foi um comício na Praça da Sé". Segundo Bucci (2000, p. 29), "para quem só se inteirasse dos acontecimentos pelos noticiários da Globo, a Campanha das Diretas não existia".

A Globo chocou-se de frente com seu público na cobertura da Campanha das Diretas. Convencida pelo então ministro da Casa Civil, João Leitão de Abreu, a emissora ignorava a campanha. Conti (1999, p. 38) lembra que os repórteres do telejornal eram tratados como inimigos pelo povo na rua e que o próprio presidente da Rede Globo, Roberto Marinho, recebeu cartas de protesto contra as distorções no noticiário. "Algumas delas assinadas por anunciantes e donos de agências de propaganda. 'Se a Globo continuar ignorando as Diretas, corre o risco de perder verbas publicitárias', avisou o diretor de comercialização, Dionísio Poli."

O boicote da Globo foi até quase o final do processo. Faltando duas semanas para a votação da Emenda Dante de Oliveira, o Grupo Marinho assumiu a campanha no comício no Rio de Janeiro. Na época, em uma entrevista para a revista *Veja*, Roberto Marinho disse que, num primeiro momento, a cobertura foi apenas por meio de reportagens regionais, mas "a paixão popular foi tamanha que resolvemos tratar o assunto em rede nacional" (*Veja*, 5 set. 1984, p. 54).

Armando Nogueira, na época diretor de jornalismo da Globo, justifica-se dizendo que pediram que não se cobrissem os primeiros comícios. Segundo ele, Roberto Marinho chegou à conclusão de que, naquele momento, mais importante para a sobrevivência da empresa seria refletir o pensamento da sociedade e não mais o do Estado. Ainda, na concepção de Nogueira, o comício da Candelária era o mais importante e Roberto Marinho teria sido cauteloso e sabido definir a hora de fazer a cobertura. "A Globo tornou viável a campanha ao cobrir os comícios. Evidentemente, ninguém vai imaginar que a Globo cobriu o comício da Candelária porque os militares pediram" (Silva, 2001, p. 39).

A cobertura da campanha só apareceu no *Jornal Nacional* depois que a direção da Rede percebeu que o regime militar estava ruindo e que existia a possibilidade de um nome conciliador e conservador para assumir o país no novo regime democrático –

no caso, Tancredo Neves. "A emenda constitucional não foi aprovada e as forças de oposição se dividiram entre aqueles que queriam continuar lutando por eleições diretas e imediatas e aqueles que queriam encontrar uma solução de compromisso" (Lima, 2005, p. 113). A revista *IstoÉ* chegou a noticiar, em março de 1984, um encontro entre Tancredo Neves e Roberto Marinho. Logo depois o *Jornal Nacional* aderiu à campanha das Diretas.

INTROMISSÃO NAS ELEIÇÕES DE 1982 PARA O GOVERNO DO RIO

Em 1982, na eleição para governador, a Globo previa uma apuração em ritmo de espetáculo. O diretor de jornalismo, Armando Nogueira, anunciava o *show* das eleições, mobilizando 25 mil pessoas. Na ocasião, chegou a publicar um manual com 341 páginas para a eleição. A cobertura transformou-se em um caso polêmico que quase mudou os rumos da eleição do Rio de Janeiro (*Veja*, 17 nov. 1982, p. 74). A candidatura de Brizola não agradava ao regime militar – e muito menos a Roberto Marinho. O dono das Organizações Globo tentava prejudicar Leonel Brizola sistematicamente. Fernandes (2004) conta que Brizola ia ser nomeado ministro da Fazenda, em 1963, junto com o marechal Lott (e garantido por este), que seria ministro da Guerra, mas Marinho interferiu diretamente. Ele e o embaixador dos Estados Unidos, Lincoln Gordon, tinham total intimidade com o presidente. "Gordon e Marinho, tranquilamente, disseram ao presidente: 'Jango, se você nomear Brizola ministro da Fazenda, não terminará o mandato'. Jango não nomeou e não terminou" (Fernandes, 2004).

O esquema montado em 1982 consistia em iniciar a apuração pelo interior, onde Brizola perdia antes mesmo da votação, por causa da "vinculação de votos": o eleitor tinha de votar no mesmo partido de governador a prefeito. O candidato do PDS já afirmava que Brizola perderia no interior, porque o eleitor dele não sabia votar. A Proconsult – empresa responsável pelo sistema de apuração eletrônica para o Tribunal Regional Eleitoral, também contratada da Globo e cujo programador era um ex-oficial do Exército – podia tirar votos de Brizola e dar a Moreira Franco, candidato do PDS. O *Jornal Nacional* divulgaria só números oficiais e daria falsos resultados. Como era uma empresa de credibilidade, dava a sustentar que era a verdade. Mas um serviço de apuração próprio do *Jornal do Brasil* e do PDT, liderado por Cesar Maia, mostraria números contrários.

Saturnino Braga – eleito senador na época pelo PDT – acompanhou de perto o incidente da Proconsult. Ele conta que Brizola foi avisado pelo próprio diretor de pesquisas da Rede Globo, Homero Sanchez, de que sua eleição poderia "ser tirada". Segundo ele, diante disso o partido montou um esquema de acompanhamento de apuração, coordenado por Cesar Maia, político do PDT. A pesquisa mostrava que Brizola havia ganhado e, na apuração, ele se mantinha à frente, mas depois começou a se distanciar. "Brizola pôs a *boca no trombone*, convocou a imprensa internacional. Procurou a empresa que tinha organizado o programa de computador."[11]

Amorim (2005, p. 58) narra que, além do "diferencial Delta", criado pela Proconsult para justificar o esquema de fraude das apurações, era importante que, primeiro, entrassem no computador os votos de onde Moreira Franco era forte, para criar o clima de "já ganhou", acostumando a opinião pública para a idéia de que Brizola ia perder. O papel da Globo, por meio sobretudo do *JN*, no caso Proconsult, era preparar a opinião pública para o que ia acontecer. Cabral (1986, p. 12) afirma que chegou a procurar Roberto Irineu Marinho e pedir para jogar mais votos da capital nos computadores da Globo, porque as equipes de reportagem estavam sem condições de trabalhar na rua – o telespectador provocava repórteres com o *slogan* "O povo não é bobo, abaixo a Rede Globo".

A emissora teve um carro apedrejado e recebeu mais de três mil telefonemas de protesto por dia. Foi aí que o *Jornal Nacional* ofereceu uma entrevista a Brizola. Tal entrevista, que deveria durar quinze minutos, durou mais de meia hora. O candidato começou a fazer acusações, e Armando Nogueira, que estava em São Paulo, entrou no ar para se defender. Alberico Souza Cruz – editor, na ocasião – reconhece, em depoimento no livro dos 35 anos do *Jornal Nacional*, que houve a tentativa de fraude, mas acaba inocentando o Grupo. Segundo ele, a Globo nem tinha conhecimento do complô que existia contra Brizola. "Hoje, eu estou convencido de que existia um complô. Mas a Globo não participou dele, porque a gente até nem tinha competência para isso. Podia ser que algumas pessoas da Globo tivessem conhecimento desse complô contra o Brizola, mas nós não tínhamos" (*Veja*, 1º set. 2004, p. 116).

O processo foi arquivado em 1987 pelo juiz Roberto Wider, da 1ª Zona Eleitoral do Rio, a pedido do promotor Ângelo Glioche Lima. Os programas de computador estavam escondidos com os tenentes-coronéis Haroldo Lobão Barroso e Manoel Carvalho, responsáveis pela concepção do programa utilizado pela Proconsult (Amorim, 2005, p. 204). As eleições de 1982 causaram mudanças internas na Globo, com a saída de Homero Icaza Sanches, responsável pela Divisão de Análise e Pesquisa, demitido pelo proprietário das Organizações Roberto Marinho por ter advertido Brizola sobre a fraude.

Brizola elegeu-se em 1982 e voltou ao governo do Rio de Janeiro em 1990. Naquele tempo o *JN* procurava divulgar apenas matérias que denegrissem a imagem do governo. Em 6 de fevereiro de 1992, por exemplo, o telejornal apresentou um texto com trechos que Roberto Marinho publicaria no editorial do jornal *O Globo* no dia seguinte. O governador, que queria impedir a Globo de transmitir os desfiles das escolas de samba daquele ano, foi acusado pelo editorial de sofrer de "declínio da saúde mental".

O então governador do Rio pediu direito de resposta e, no dia 15 de março de 1994, o *Jornal Nacional* viveu um momento inusitado na sua história: foi obrigado a pôr no ar um texto redigido por Leonel Brizola. O texto, de três minutos, lido pelo apresentador Cid Moreira, continha ataques ao presidente das Organizações Roberto Marinho. Para os telespectadores, foi surpreendente e curioso ver o apresentador do *Jornal Nacional*, de preto e com um tom fúnebre, ler: "Tudo na Globo é tendencioso e manipulado, a Globo tem uma longa e cordial convivência com os regimes autoritários e com a ditadura de vinte anos que dominou o país". Cid Moreira terminaria dizendo que o povo brasileiro deveria julgar "quem são os servis, gananciosos e interesseiros" (Sá, 1994).

Para o *JN* foi um fato jamais repetido. Em outros momentos, como por ocasião da morte do jornalista Tim Lopes e de Roberto Marinho, o *Jornal Nacional* também divulgou editoriais, mas nada se compara àquele dia.

A ELEIÇÃO DE COLLOR

Em 1989, a campanha do futuro presidente Fernando Collor de Mello[12] foi favorecida pela construção diária de um cenário elaborado pelo *Jornal Nacional*. Conti (1999, p. 41) destaca que Alberico Souza Cruz, na época diretor de telejornais da Rede, que se relacionava bem com políticos em geral, dispôs-se a conhecer Collor em março de 1987: "A afinação de Souza Cruz com o modo de pensar, agir e reagir de Roberto Marinho era total. Como Collor tinha jeito de que poderia crescer, o jornalista considerou que era sua obrigação profissional conhecê-lo e depois dizer a Roberto Marinho". Com base nessa conversa montou-se o *Globo Repórter* sobre os "marajás"[13], sem fazer alusão ao governo federal. O programa foi ao ar duas semanas depois da posse de Collor no governo do estado de Alagoas. Começou uma maratona de palestras, visitas e entrevistas de Collor por todo o país. Em Londrina, no Paraná, como em diversos locais, ele foi aplaudido pelos estudantes universitários, sempre acompanhado pela cobertura da Globo.

Pouco tempo antes das eleições, a Globo colocou no ar duas novelas: *Que rei sou eu?*, de Cassiano Gabus Mendes, às 19 horas; e *O salvador da pátria*, de Lauro César Muniz, às 21 horas. Embora não haja pesquisa que comprove tal fato, as novelas faziam alusões aos dois candidatos: enquanto a novela das sete era apontada como alavanca na eleição de Fernando Collor, ao mostrar na ficção a esperança do Brasil em um novo líder, jovem e com vontade de implementar muitas mudanças, na novela das oito, *O salvador da pátria*, o personagem do analfabeto manipulado por políticos pode ter sido usado como propaganda contra a figura de Luiz Inácio Lula da Silva.

Em novembro, a três semanas do dia 17 de dezembro, data do segundo turno entre Fernando Collor de Mello e Lula, a revista *Veja* trazia na capa o título "Lula e o capitalismo" e exibia uma reportagem dizendo, em outras palavras, que Lula era sinônimo de desordem e agressividade. A reportagem foi utilizada amplamente pelo telejornal. Francisco Vianey Pinheiro[14], então responsável pela edição de política da Globo em São Paulo, dizia que, sempre que se começa a preparar uma eleição, logo fica claro dentro da redação para onde "está indo a cabeça" do grupo proprietário. Portanto, antes de começar a campanha de 1989, já se desconfiava de que o apoio seria para Collor.

Mas o que pode ter decidido mesmo a eleição de 1989 é o que se considerou como "manipulação" na edição do *Jornal Nacional* do dia 16 de dezembro, véspera do segundo turno da eleição. O que prendeu a atenção da maioria dos telespectadores não foi o debate, mas a forma como os editores do *Jornal Nacional* apresentaram no último telejornal antes das eleições as imagens e os discursos de Lula e Collor. Antes, afirma Conti (1999, p. 271), Leopoldo Collor – irmão mais velho do candidato – telefonou para a Globo pedindo-lhe para dar informações sobre a relação do seqüestro do empresário Abílio Diniz[15] com o Partido dos Trabalhadores, dizendo que a eleição de Collor dependia disso.

Os episódios paralelos, como o seqüestro do empresário, também faziam o diferencial da cobertura. Pinheiro relata que as autoridades tentavam relacionar os casos com as campanhas. Ele recebeu telefonemas até mesmo do secretário da Justiça de São Paulo, dizendo que havia indícios de participação do PT no seqüestro. Mas no sábado, véspera da eleição, na hora da edição para o *Jornal Hoje,* é que começou a pressão. Segundo Pinheiro, Alberico Souza Cruz pedia, entre outras coisas, que se publicasse uma pesquisa de um instituto que, normalmente, não era divulgado pela Globo e dava vitória de Collor no debate. "Ele não impôs, mas me pressionou na edição final, ali com o jornal já no ar."[16]

Exibiu-se o telejornal e, quando Pinheiro retornou à redação, havia um telefonema de Armando Nogueira pedindo que ele repetisse a mesma edição no *JN*. No entanto, a reportagem foi refeita. "Encontrei o Otavio Tostes e disse: 'O que houve?' Ele disse: 'É que desceu aqui o Ronald de Carvalho, mandou mexer em tudo.'"[17] A mudança no material editado para o *Jornal Nacional* ocorreu no tempo e na escolha das falas de cada candidato. Se no *Jornal Hoje,* com a dificuldade de corte das entrevistas, Collor teve 22 segundos a mais que Lula, na edição do *JN* a diferença ficou maior. Lula falou sete vezes; Collor, oito – e com direito a um minuto e doze segundos a mais que Lula. A edição mostrava ainda os piores momentos de Lula, inclusive gaguejando e trocando palavras.

A viúva de Roberto Marinho revelou, em 2005, que o presidente Fernando Collor era íntimo da família e que realmente o Grupo Marinho o elegera. Collor passava fins de semana com o casal em Angra dos Reis. "O Roberto colocou ele [na Presidência] e depois tirou", diz Lily. "Durou pouco. Ele se enganou" (Bergamo, 2004). Com Fernando Henrique foi diferente: "Nada de decepções". Dona Lily conta que Roberto Marinho dispunha de um telefone em casa só para falar com o então presidente. Era um telefone criptografado, que mistura as vozes e torna incompreensível a conversação para terceiros. Com o fim do governo FHC, aposentou-se o telefone.

A QUEDA DE COLLOR

Em 29 de dezembro de 1992, o presidente Fernando Collor de Mello renunciou ao mandato, sendo considerado inabilitado politicamente pelo Senado por acusação de corrupção. Como na época das Diretas, o *Jornal Nacional* demorou a reconhecer o movimento da população brasileira, que clamava pelo impedimento de Collor já no primeiro semestre de 1992. Mauro Porto (1994, p. 142) revelou que o *Jornal Nacional*, na época, exibia o discurso de fontes e versões governistas, evitando referências aos vínculos entre Paulo César Farias e o presidente.

Bucci e Kehl (2004, p. 215) também acreditam que a Globo demorou a inserir matérias das passeatas que pediam o *impeachment* e evitava dar ênfase à indignação de jovens nas ruas, os "caras-pintadas"[18], como ficaram conhecidos. Algum tempo depois, o próprio telejornal passou a apoiar, por meio de reportagens, o impedimento do presidente que ajudou a eleger. "Antes de divulgar a campanha pelos telejornais, exibiu a série *Anos rebeldes*, mostrando a 'saga' de jovens guerrilheiros, e houve quem associasse a apresentação da minissérie ao engajamento da juventude na campanha."

Mas o movimento dos caras-pintadas, na afirmação de Machado (2006), foi criado pela própria Rede Globo com um golpe de sorte. Ele afirma que o ex-presidente, depois de eleito, retirou toda a propaganda governamental da emissora, além de ter seqüestrado a poupança, o que fez a emissora ter interesse em derrubá-lo. Para Machado, a Globo utilizou-se de um protesto de estudantes pela meia-entrada e passou a apresentá-lo como se fosse uma manifestação que criava o "Fora Collor". Genésio Lopes[19] também considera que as Organizações Globo perseguiram Collor e afirma que tal perseguição foi motivada pela suspensão de privilégios concedidos durante o governo Sarney. "Collor sustou todos os processos que davam privilégios à Globo dentro do Ministério das Comunicações. Então a Globo o derrubou através da maciça audiência, forçando denúncias."

ELEIÇÃO DO REAL: 1994 E 1998

A cobertura e participação do *JN* nas eleições de 1994 foram muito pequenas. A ênfase política, na época, era em torno das mudanças econômicas pelas quais o país passava. O noticiário destacava o Plano Real, dando espaço apenas ao ministro e candidato Fernando Henrique Cardoso, retirando da pauta qualquer crítica em relação a problemas da sua gestão. Um marketing perfeito, como lembra Rubim (1994). Para ele, o Plano Real era um sucesso; no entanto, sem a atuação da mídia, o Plano não seria tão eficaz politicamente. "Nos materiais noticiosos; nas telenovelas; nos musicais e nos *shows* de variedades, quando apresentadores de televisão bastante populares foram pagos pelo governo para fazer propaganda não declarada."

Nas eleições de 1998, o telejornal praticamente ignorou a eleição presidencial e fez uma cobertura, como toda a mídia, bem inferior em relação a outros eventos. Luis Felipe Miguel (2004, p. 94) apontou que o *JN* dedicou, de 13 de julho a 3 de outubro, data da votação, apenas 4,6% de seu tempo às eleições. O estudo demonstrou que o *Jornal Nacional* realizou um agendamento de temas marcadamente favoráveis ao candidato à reeleição e fez um silêncio profundo sobre questões problemáticas e a própria competição.

Ao analisar, também, a participação da mídia nas eleições de 1998, Rubim (1999) declara: "A tradição 'oficialista' e governista da mídia outra vez se realizou, mais que isso, ficou patente uma afinidade ideológica entre setores dominantes na política e boa parte da mídia em torno do Plano Real". O *Jornal Nacional* omitiu-se até de acompanhar a agenda das candidaturas. Não foram realizadas nem a cobertura sobre as eleições nem a discussão de temas que pudessem ser prejudiciais ao candidato-presidente. "A Rede Globo colaborou para a reeleição de Fernando Henrique eliminando a campanha de seus noticiários" (Miguel, 2004, p. 93).

∼

NOTAS

1 Álvaro Dias já governou o Paraná e está na terceira legislatura como senador. Sempre faz parte das CPIs, principalmente em anos eleitorais, como na CPI do Futebol, em 2000-2001, e na do Mensalão, em 2005–2006. Constantemente dá entrevista ao *JN*. Não houve estudos comprobatórios, mas observaram-se, nas gravações do telejornal, aparições e sonoras do senador a cada três dias.

2 A conversa do senador (SC) e presidente do PFL Jorge Bornhausen foi registrada no final da inauguração do comitê central da campanha de Alckmin à Presidência, em Brasília, em julho de 2006.

3 Jornalista Fernando Barbosa Lima, em entrevista à autora; Rio de Janeiro, 1999.

4 Carlos Alberto Libânio Christo, o Frei Betto, nasceu em Belo Horizonte em 25 de agosto de 1944. É escritor e religioso dominicano. Militante de movimentos pastorais e sociais, trabalhou como assessor especial de Lula em 2003. Na época da ditadura militar esteve preso duas vezes, numa delas por quatro anos (1969–73). Entrevista para o documentário *Ato de fé*. Eclipse Produções, São Paulo: 2004.

5 Emílio Garrastazu Médici – terceiro presidente da ditadura militar – governou o país de 1969 a 1974. Morreu em 1985.

6 Editor-chefe do *JN*, William Bonner, em 2004, durante uma reunião com alunos no Programa Globo Universidade.

7 *Pauta*: roteiro dos temas que serão cobertos pela reportagem (Paternostro, 1999).

Espelho: relação e ordem de entrada das matérias no telejornal (Barbeiro e Lima, 2005).

8 O texto é de um comunicado à imprensa da Rede Record; São Paulo, 26 jan. 2006. Disponível em: <www.entreinatv.zip.net>. Acesso em 12 abr. 2006.

9 Dante de Oliveira, político de Mato Grosso falecido em julho de 2006, foi autor da emenda que propunha eleições diretas para presidente.

10 *Chamada*: texto sobre assuntos de destaque do telejornal, transmitido dentro da programação da emissora para chamar a atenção do telespectador sobre o que verá no telejornal (Paternostro, 1999).

11 Saturnino Braga, em entrevista à autora; Brasília, fevereiro de 2006.

12 Fernando Collor de Mello elegeu-se presidente da República em 1989 pelo antigo Partido da Reconstrução Nacional (PRN), hoje Partido Trabalhista Cristão (PTC), e sofreu processo de *impeachment* em dezembro de 1992. Elegeu-se senador de Alagoas em 2006 pelo Partido Trabalhista Brasileiro (PTB).

13 Foram chamados de "marajás" os funcionários públicos do governo de Alagoas que ganhavam altos salários. O ex-presidente Collor, quando governador, prometeu baixar os proventos e acabou ficando conhecido como o "caçador de marajás".

14 Francisco Vianey Pinheiro, em entrevista à autora; São Paulo, outubro de 2005.

15 Abílio Diniz, empresário, presidente da Companhia Brasileira de Distribuição (Grupo Pão de Açúcar).

16 Vianey Pinheiro, em entrevista à autora; São Paulo, 2005.
17 Vianey Pinheiro, em entrevista à autora; São Paulo, 2005.
18 Movimento de rua composto por jovens, principalmente estudantes, com os rostos pintados, que pediam o *impeachment* do presidente Fernando Collor de Mello.
19 Genésio Lopes, jornalista e autor de livro sobre a Rede Globo (*O superpoder, 2001*), em entrevista à autora; São Paulo, 2006.

3
As eleições presidenciais de 2002

A disputa presidencial de 2002 evidenciou o discurso da mudança. Ao contrário de 1994 e 1998, quando – apesar de uma conjuntura econômica adversa – o governo FHC alcançou um balanço satisfatório na campanha, percebia-se o descontentamento da população em face da situação de desemprego e da insegurança e instabilidade da economia. Mesmo José Serra, candidato do governo, chegou a afirmar ter sido sempre crítico da política econômica de Fernando Henrique Cardoso. Mas a tensão por que passava o governo FHC dificultou a sua campanha: com o agravamento da crise econômica, social e política, "em que o governo não conseguiu enfrentá-la nem com medidas macro [como foi o Plano Real] nem com uma diversidade de paliativos que resultassem num impacto global sobre o cenário de representação da política", na ausência de um "ambiente mais favorável ao candidato da situação e preferido do Bloco de Poder, Serra ficou com a marca de um candidato pesado" (Almeida, 2003, p. 7).

Em princípios de 2002, o cenário eleitoral começa a se projetar. De um lado, o governo precisava manter unidos os partidos e as propostas que reelegeram Fernando Henrique; do outro, a oposição, representada principalmente pelo Partido dos Trabalhadores, tentava pela quarta vez eleger Luiz Inácio Lula da Silva. Já eram consideradas certas as candidaturas de Lula; a do ex-governador do Ceará, Ciro Gomes, do Partido Popular Socialista; a do então governador do Rio de Janeiro, Anthony Garotinho, do Partido

Socialista Brasileiro; da governadora do Maranhão, Roseana Sarney, do Partido da Frente Liberal; do governador de Minas Gerais, Itamar Franco, pelo Partido do Movimento Democrático Brasileiro; e de José Serra, pelo Partido da Social Democracia Brasileira.

As pesquisas eleitorais no início do ano apontavam a liderança de Lula e destacavam em segundo lugar Roseana Sarney, grande esperança do PFL, que apostou todas as fichas na candidata com uma expressiva propaganda eleitoral na televisão. Já em setembro de 2001, Roseana começava a aparecer nos comerciais do partido com a imagem de uma mulher moderna, sensível aos problemas sociais e com alta aprovação da população maranhense à sua gestão. Bucci, na época, criticou a forma como a campanha de Roseana invadia o espaço jornalístico.

Sem publicidade não há democracia. Pelo menos, não há eleição. O tal "fator" Roseana está aí para comprovar. Algumas centenas de inserções de comerciais do PFL na TV transformaram a governadora do Maranhão na nova marca registrada da campanha presidencial. Não que ela seja uma liderança carismática. Todos sabem que o feito de sua própria marca não é dela, mas dos filminhos publicitários (Bucci, 2001, p. 2).

O eleitorado começou a manifestar preferência à candidata Roseana, que apresentava altos índices de intenção de voto e estava cotada para compor a chapa governista com José Serra. Em fevereiro de 2002, pesquisas mostravam que Roseana tinha melhores chances que Serra e, pela primeira vez, existia a possibilidade de o país ter uma mulher na Presidência. No entanto, dias depois do "auge" nas pesquisas, no dia 1º de março, agentes da Polícia Federal, ao investigar suspeitas de irregularidades na então extinta Sudam, descobriram 1,34 milhão de reais em dinheiro num cofre da empresa do secretário do Governo do Estado do Maranhão e marido de Roseana, Jorge Murad.

A candidatura de Roseana Sarney começou a naufragar, e as imagens do dinheiro na empresa Lunus e as acusações dominaram a cobertura da mídia durante quase dois meses, aumentando a visibilidade da candidata, embora com valência negativa, em todos os jornais e televisão. O escândalo e os rumores de que o PSDB tenha sido responsável pela ação da Polícia Federal e desestruturado a campanha de Roseana levaram o PFL a romper a coligação já quase certa com o partido do governo e acabaram forçando a renúncia da pré-candidata. Carvalho (2004, p. 159) aponta como uma das causas da desconstrução da candidatura a própria dimensão que tomou a campanha, que levou o PFL a se empolgar a ponto de não aceitar mais figurar com um candidato a vice numa possível coligação com o PSDB:

> Pode-se dizer que o *fenômeno Roseana* subverteu a lógica e a prática política tradicional do PFL, que, ao descobrir ter uma candidata ao estrelato, via-se na obrigação de recusar lugares subalternos em uma esperada (e até desejada) coligação com o PSDB e PMDB (aliança política de sustentação ao governo FHC).

Itamar Franco também desistiu, depois que o partido não quis indicá-lo à convenção. Em junho, as convenções partidárias definiram os candidatos. Foram confirmadas, no final do mês, as candidaturas de Luiz Inácio Lula da Silva, do PT, representando uma coligação formada por cinco partidos; José Serra, do PSDB; Anthony Matheus Garotinho, do PSB; Ciro Ferreira Gomes, do PPS; José Maria de Almeida pelo Partido Socialista dos Trabalhadores Unificado (PSTU); e, pelo Partido da Causa Operária (PCO), Rui Costa Pimenta.

A campanha oficial começou em julho, e as pesquisas assinalavam vitória de Lula já no primeiro turno. Mas Ciro Gomes cresceu e chegou a empatar tecnicamente com o candidato do PT. Os outros dois principais candidatos, Serra e Garotinho, pareciam estar estacionados. Depois da entrada do horário eleitoral, em 20 de agosto, e da inserção diária das campanhas na mídia, Ciro caiu e terminou o primeiro turno em quarto lugar. A exibição do horário eleitoral gratuito ocorreu em dois períodos: de 20 de agosto a 3 de outubro, antes do primeiro turno; e de 14 a 25 de outubro, antes do segundo turno. O critério para a divisão do tempo de cada candidatura na TV foi o da representação das coligações na Câmara dos Deputados; por esse motivo, José Serra (PSDB) acabou ficando com mais tempo, quase a metade do horário destinado aos candidatos.

TABELA 1 – CANDIDATOS À PRESIDÊNCIA – 2002

Candidato	Partido	Coligação
Luiz Inácio Lula da Silva	PT	PT, PL, PCdoB, PMN, PCB
José Serra	PSDB	PSDB, PMDB
Anthony Garotinho	PSB	PSB, PGT, PTC
Ciro Gomes	PPS	PPS, PDT, PTB
José Maria de Almeida	PSTU	–
Rui Costa Pimenta	PCO	–

Fonte: TSE

TABELA 2 – RESULTADO DA ELEIÇÃO – PRIMEIRO TURNO – 2002

Candidato	Votação nominal	Votos válidos (em %)
Luiz Inácio Lula da Silva	39.455.223	46,44
José Serra	19.705.445	23,19
Anthony Garotinho	15.180.097	17,86
Ciro Gomes	10.170.882	11,97
José Maria de Almeida	402.236	0,47
Rui Costa Pimenta	38.619	0,04

Fonte: TSE

Na votação em primeiro turno, no dia 6 de outubro, os mais votados foram Luiz Inácio Lula da Silva, com mais de 39 milhões de votos (44%); e José Serra, com 19,705 milhões (23%). Como nenhum dos candidatos recebeu 50% dos votos mais 1, realizou-se o segundo turno em 27 de outubro. Lula teve 52.793.364 votos, ante os 33.370.739 de Serra, ou seja, 61,3% dos votos em Lula.

TABELA 3 – RESULTADO DA ELEIÇÃO – SEGUNDO TURNO – 2002

Candidato	Votação nominal	Votos válidos (em %)
Luiz Inácio Lula da Silva	52.793.364	61,27
José Serra	33.370.739	38,72

Fonte: TSE

A COBERTURA DA MÍDIA

Se comparado com as eleições de 1994 e 1998, o processo eleitoral de 2002 caracterizou-se por uma exibição excessiva dos candidatos e da campanha nos meios de comunicação. Um dos fenômenos foi a elaboração e a divulgação de pesquisas. Nunca, numa eleição, divulgou-se tanta pesquisa. Entre janeiro e início de outubro, foram noticiadas cerca de setenta pesquisas para a corrida presidencial. Só a Globo apresentou 23 resultados do Ibope, 15 do Datafolha e 20 do Instituto Vox Populi. Já no início do ano, era possível perceber que as eleições de 2002 seriam enfatizadas pela mídia com uma cobertura extraordinária, mesmo antes das convenções partidárias. De acordo com Aldé (2004, p. 107), a eleição presidencial de 2002 tornou-se assunto relevante nas páginas de política dos principais jornais e ganhou progressivamente mais espaço. Nos últimos dois meses da disputa, cadernos especiais mobilizavam positivamente o noticiário, contribuindo para o envolvimento eleitoral em geral.

Os demais órgãos da imprensa também realizaram a maior cobertura de todas as eleições presidenciais brasileiras. Miguel (2004, p. 95) aponta que a participação de todos os principais candidatos em debates e entrevistas ao vivo nas emissoras de televisão durante o primeiro turno tornou-se um dos indicadores dessas mudanças na afinidade entre mídia e eleições. "A Rede Bandeirantes inovou e, além de um debate com os presidenciáveis, realizou outro debate com os candidatos a vice." A cobertura relevante da mídia foi considerada essencial para o processo e um sinal de profunda alteração no seu papel em relação às eleições presidenciais de 1994 e 1998. Vera Chaia (2004, p. 39) demonstra que:

> Essa mudança de atitude dos meios de comunicação se deveu a alguns fatores: o candidato da oposição ao governo Fernando Henrique Cardoso, Luiz Inácio Lula da Silva, sempre esteve em primeiro lugar nas pesquisas eleitorais, que expressavam a tendência do eleitorado brasileiro. [...] Os outros candidatos que disputaram a Presidência precisavam ser conhecidos pelo eleitorado para se tornarem alternativas à candidatura Lula, já que a mídia sempre se posicionou contrária a ela.

Porém, a construção da imagem dos candidatos proporcionada pela mídia no período nem sempre os beneficiou. Em março, como vimos, a mídia contribuiu para a visibilidade negativa da então pré-candidata do PFL, Roseana Sarney, levando-a à renúncia.

Se a imagem de Roseana candidata foi construída nos programas do partido com a marca da engenhosidade do publicitário Nizan Guanaes, a desconstrução, ao contrário, resultou de uma ação articulada que envolveu instituições públicas na produção do flagrante e os *media*, que o fizeram acontecer para todos os eleitores (Carvalho, 2004, p. 156).

O candidato do Partido Popular Socialista, Ciro Gomes, tornou-se o possível adversário de Lula. As pesquisas mostravam o crescimento das intenções de voto para Ciro, ao mesmo tempo que crescia sua superexposição, mas a própria mídia passou a pautar episódios negativos em relação ao candidato. Ciro acabou em quarto lugar. "Começa a associação à imagem do ex-presidente Collor e a ênfase nas *mentiras* de Ciro. Este, por sua vez, parece contribuir para a sua própria imagem negativa, protagonizando diálogos, entrevistas e situações recheadas de frases infelizes" (Aldé, 2002, p. 15).

Além de Anthony Garotinho, inúmeras vezes destacado negativamente pela imprensa, restava como importante concorrente no pleito o candidato do governo, José Serra, contra a oposição de Luiz Inácio Lula da Silva. Na construção da imagem de José Serra e de Luiz Inácio Lula da Silva prevaleceram elementos de destaque da gestão da época a favor do candidato do PSDB – a possibilidade de uma alternativa mais coerente ao candidato do PT, embora Serra também tenha adotado, como discurso, a mudança. Almeida (2004, p. 140) ressalta: "Serra concentrou seu discurso na mudança [...] procurando afastar a sua imagem do governo Fernando Henrique. Mas, no olhar do receptor-eleitor, o lugar de fala de Serra era o da continuidade".

No início da campanha, a tática do medo, usada desde a eleição de 1989, prevaleceu para Lula. O discurso de Serra, de políticos e membros do governo, apontando que o Brasil poderia se transformar numa "Venezuela" ou "Argentina" caso o novo governo tomasse outros rumos foi maciço. O FMI exigindo garantias de que o novo governo honraria seus compromissos e o risco Brasil aumentando sobressaíam nas matérias da mídia e principalmente do *Jornal Nacional*, como se verá a seguir. A mídia só começou a mudar o rumo do discurso depois que o PT divulgou que teria uma carta de compromisso e esclarecimento da posição do partido em relação às medidas econômicas. A existência da carta e a posição moderada do PT foram acentuadas para milhões de brasileiros na entrevista ao vivo no estúdio do *JN* em julho.

O PAPEL DO TELEJORNAL NAS ELEIÇÕES DE 2002

O investimento da mídia nas eleições presidenciais de 2002 teve maior peso na Rede Globo. Bucci destaca a mudança como uma das melhores coberturas do processo eleitoral já vistas no Brasil. "Se você comparar o procedimento e o comportamento da Rede Globo em 1989 com o comportamento em 2002, você vai notar sinais expressivos de uma grande melhora, de um excelente desenvolvimento."[1] A maior rede de televisão do país apostou todas as fichas na cobertura do pleito, inclusive tomando decisões inéditas, como as entrevistas ao vivo realizadas pelo *Jornal*

Nacional. Os principais presidenciáveis, com mais de 1% das intenções de voto – Luiz Inácio Lula da Silva (PT), José Serra (PSDB), Anthony Garotinho (PSB) e Ciro Gomes (PPS) –, foram entrevistados ao vivo por duas vezes no *Jornal Nacional*, uma em julho, logo após o registro das candidaturas; e outra em setembro, a menos de duas semanas do primeiro turno. Foi a primeira vez, na história do *JN*, que o programa realizou uma entrevista ao vivo no estúdio, segundo o editor-chefe William Bonner[2].

A intensa cobertura da eleição também ocorreu nos demais telejornais da Rede. Foram realizados dois debates, um no primeiro turno e outro no segundo. Para o pesquisador Miguel (2004, p. 94), se em 1998 o *JN* destinou apenas 4,6% do seu tempo total às eleições presidenciais nos momentos de maior destaque da campanha, em 2002 o telejornal dedicou 31,2% do tempo total, cerca de sete vezes mais espaço. "Em 2002, foram 14 semanas entre o fim da Copa e o primeiro turno; as eleições presidenciais receberam 12 horas, 55 minutos e 50 segundos do noticiário, isto é, 29,4% do total." O pesquisador assinalou também que os dois candidatos com menos de 1% das intenções de votos, José Maria e Rui Costa Pimenta, obtiveram mais inserções do que Fernando Henrique, Lula ou Ciro nas eleições de 1998.

Além da divulgação das pesquisas, da agenda dos candidatos e de entrevistas ao vivo, o *Jornal Nacional* exibiu, dentro do debate eleitoral, três séries de reportagens especiais sobre: os problemas brasileiros (com o objetivo de buscar do candidato respostas para as situações mostradas nas matérias); o "Brasil" (exemplos que deram certo no país); e o "poder do presidente" (matérias acerca das atribuições de um presidente da República). Outro destaque da cobertura do *JN* foi o enfoque dado pelo telejornal na tentativa de mostrar imparcialidade. Observa-se tal preocupação ao tentar justificar as regras das entrevistas ao vivo, o número menor de matérias do governo federal e a opção de não apresentar versões editadas dos debates no telejornal.

No primeiro turno, ficou evidente o total equilíbrio no número de aparições dos principais candidatos. Mauro Porto avaliou que o posicionamento do *Jornal Nacional* veio ao encontro de uma postura mais comprometida adotada pela própria direção, a partir de 1999, para desfazer erros anteriores. "O tratamento equilibrado das diversas candidaturas parece indicar um esforço consciente dos responsáveis pela produção de notícias no *Jornal Nacional* para superar a parcialidade que, em diversos momentos históricos, caracterizou a cobertura noticiosa da Rede Globo" (Porto, 2004, p. 87).

A combinação de três fatores resultou na valorizada cobertura: "de ordem econômica, a crise financeira da mídia; de ordem política, as negociações realizadas pela equipe de Lula com a mídia; e de ordem jornalístico-editorial e também empresarial, o novo compromisso com a 'responsabilidade social'" (Guazina, 2006, p. 151). O maior empenho da Rede Globo nas eleições presidenciais de 2002 não significa, no entanto, que ela tivesse sido imparcial. As pesquisas apontam um equilíbrio no tempo dedicado a cada candidato. No entanto, a qualidade da informação e a imparcialidade vão além de dar uma cobertura equilibrada aos candidatos no que diz respeito a tempo ou número de matérias; é preciso também manter o equilíbrio no conteúdo.

∼

Notas
1 Eugênio Bucci, em entrevista à autora; Londrina, 2006.
2 William Bonner, em entrevista a um grupo de alunos e à autora; Rio de Janeiro, 8 de julho de 2002.

4
As eleições presidenciais de 2006

Nas eleições de 2006, quase 126 milhões de eleitores estavam aptos a votar; segundo o Tribunal Superior Eleitoral, aproximadamente 10% a mais que nas eleições de 2002. O pleito majoritário também foi mais amplo que em 2002, com mais candidatos e mais partidos menores e com candidatura própria. Logo no início do ano, já surgiram discussões em torno de novas regras para a propaganda eleitoral e coligações. A verticalização, por exemplo – regra pela qual os partidos não podem fazer alianças eleitorais na disputa pelos governos estaduais diferentes daquelas feitas em nível nacional –, causou muita polêmica e embate entre o TSE e o Congresso.

Em 3 de março de 2006, a Justiça Eleitoral aprovou a manutenção da verticalização, inserta nas eleições de 2002. Cinco dias depois, o Congresso Nacional votou uma Emenda Constitucional pelo fim da norma. Muitos congressistas e partidos acreditavam que a afinidade política nos estados poderia ser diferente daquelas coligações em nível nacional. No entanto, como pela legislação eleitoral as regras para as eleições só podem ser mudadas com pelo menos um ano de antecedência ao dia da votação, o Supremo Tribunal Federal manteve a verticalização e o TSE acabou por deixar a regra como em 2002, ou seja, as coligações regionais ficaram livres para os partidos que não tiveram candidatos à Presidência.

O fim da verticalização e a possibilidade de coligações independentes em estados serviram de argumento para o Partido do Movimento Democrático Brasileiro não lançar candidato à Presidência. A decisão foi tomada no dia 12 de junho, porém as discussões em torno da candidatura própria no partido começaram no início do ano e acabaram provocando uma ruptura no PMDB. O partido dividiu-se em pelo menos dois grupos: um liderado pelo ex-presidente da República José Sarney e pelo presidente do Senado Renan Calheiros, considerada a ala governista e contrária à candidatura própria; e o outro, tendo à frente pré-candidatos como o ex-governador do Rio de Janeiro, Anthony Garotinho; o senador pelo Rio Grande do Sul, Pedro Simon; o ex-governador do Rio Grande do Sul, Germano Rigotto; e o ex-presidente Itamar Franco.

Garotinho tornou-se candidato no dia 19 de março, vencendo Rigotto em uma consulta informal, uma vez que o partido estava impedido judicialmente de realizar prévias, numa ação movida pela parte governista. A decisão sobre candidatura própria e escolha de candidatos ficou para a convenção, três meses depois. Como a convenção não se realizou e o PMDB decidiu que não teria candidato, Anthony Garotinho, desgastado por acusações e pela divisão no partido, acabou desistindo.

O Partido da Social Democracia Brasileira (PSDB) também esteve envolvido em debates internos para a escolha do seu candidato. No páreo, o governador de São Paulo Geraldo Alckmin e o prefeito José Serra; ventilava-se também o nome do ex-presidente Fernando Henrique Cardoso. Prevaleceu o diálogo, aparentemente não tão amistoso, e o partido decidiu pela candidatura de Alckmin, ficando Serra para a disputa do governo de São Paulo. Assim, em 11 de junho a convenção oficializou o nome de Alckmin. O Partido da Frente Liberal (PFL) mais uma vez não teve candidatura própria e acabou por firmar aliança com o PSDB na chamada "Coligação por um Brasil Decente", composta apenas dos dois partidos. A senadora Roseana Sarney, nome forte do partido das eleições de 2002, adotou posição contrária à decisão do partido e apoiou publicamente a reeleição do presidente

Lula. Depois de ser ameaçada com processo disciplinar e perder a eleição para o governo do Maranhão, desfiliou-se do partido. Roberto Freire era apontado como o candidato do Partido Popular Socialista (PPS). Porém, o partido decidiu dar apoio informal ao PSDB e se coligar oficialmente com o partido em alguns estados. O único candidato tido como certo, no início de 2006, era o presidente Lula, embora nem ele nem o partido fizessem qualquer declaração sobre a candidatura. Além disso, o PT passava por um momento de crise, desencadeada logo no início do mandato, com a divisão do partido. No final da eleição de 2002, o governo viu-se obrigado a fazer alianças políticas para garantir a governabilidade, pois não havia alcançado a maioria no Congresso. Além disso, a adoção de uma política econômica parecida com a do governo Fernando Henrique, tão criticada pelo Partido dos Trabalhadores, gerou críticas de membros do PT, resultando no afastamento de militantes e expulsões de parlamentares.

Em maio de 2005, começaram a vir à tona denúncias feitas pelo presidente do Partido Trabalhista Brasileiro (PTB), Roberto Jefferson, contra o governo federal. Entre as denúncias, a compra de votos de parlamentares em favor de projetos do governo. Na verdade, o que parecia ficar nítido é que, para manter boas relações com os parlamentares da base aliada, não bastava preservar os cargos públicos para membros dos partidos. A possível manobra, liderada, segundo as denúncias, pelo então ministro da Casa Civil, José Dirceu, foi chamada pela imprensa de "Mensalão", numa referência a um suposto pagamento mensal a deputados.

Apesar da descrença de antigos setores da esquerda brasileira no PT e das denúncias divulgadas exaustivamente pela imprensa, no fim de 2005 pesquisas assinalavam que o governo resistia e apontavam uma vitória tranqüila de Luiz Inácio Lula da Silva no pleito à reeleição. Além disso, ao contrário de 2002, a economia não representava risco. A política econômica do governo dava certo e o mercado internacional mostrava confiança no país, fazendo o risco Brasil registrar alguns dos seus menores índices. Lula era tido como o candidato das classes mais baixas, não só pela estabilidade da economia, mas principalmente por conta de programas sociais. Apesar da crise ética dos partidos, envolvidos em casos de corrupção, inclusive o do governo, e da violência urbana, a eleição poderia ser decidida no primeiro turno.

A candidatura à reeleição foi lançada em 24 de junho de 2006. O partido aliou-se ao Partido Republicano Brasileiro (PRB), do vice José Alencar, e ao Partido Comunista do Brasil (PCdoB), formando a coligação "A Força do Povo". Recebeu o apoio informal do Partido Liberal (PL), do Partido Socialista Brasileiro (PSB) e de setores do Partido do Movimento Democrático Brasileiro (PMDB), além de grupos do Partido Trabalhista Brasileiro (PTB). Uma das vozes discordantes do PT em 2003 era a da senadora Heloísa Helena, que mais tarde, depois de mostrar-se explicitamente contrária às medidas tomadas pelo governo – inclusive a nomeação do presidente do Banco Central, Henrique Meirelles –, foi expulsa e fundou o Partido Socialismo e Liberdade (PSOL). A oficialização do nome de Heloísa Helena pelo PSOL ocorreu no dia 28 de maio. A coligação "Frente de Esquerda" teve ainda o Partido Comunista Brasileiro e o Partido Socialista dos Trabalhadores Unificado (PSTU).

O Partido Democrático Trabalhista (PDT) teve como candidato o senador Cristovam Buarque, ex-governador do Distrito Federal e ex-ministro da Educação do governo Lula, então filiado ao PT. Os partidos considerados pequenos e sem representatividade preferiram candidatura própria à coligação. O Partido Republicano Progressista (PRP) lançou a cientista política Ana Maria Rangel em uma convenção no dia 29 de junho, mas a candidatura envolveu-se em uma polêmica e a candidata foi expulsa do partido, tendo seu registro impugnado, após divulgar no *Jornal Nacional,* no dia 30 de junho, uma possível extorsão que teria sofrido do presidente do PRP, Ovasco Rezende, para ser o nome do partido à Presidência. Ana Maria recorreu e conseguiu se manter na disputa apenas às vésperas da eleição, no dia 19 de setembro. Mesmo assim, ficou em quinto lugar no geral e em primeiro entre os candidatos de partidos "nanicos". O Partido Social Democrata Cristão (PSDC) anunciou a candidatura do ex-deputado José Maria Eymael e o Partido Social Liberal (PSL) lançou como candidato o empresário Luciano Bivar.

Rui Costa Pimenta, do Partido da Causa Operária (PCO), a exemplo de 2002, apresentou-se como candidato, mas teve o pedido de registro da candidatura indeferido por ausência de prestação de contas relativa à campanha presidencial anterior. O partido recorreu e o processo se arrastou até o final da campanha eleitoral. Como forma de protesto, o PCO passou a usar o espaço da propaganda eleitoral gratuita contra o TSE. O programa foi tirado do ar sob alegação de "desvirtuamento da propaganda eleitoral".[1] O deputado federal Enéas Carneiro, lançado como pré-candidato do Partido da Reedificação da Ordem Nacional (Prona) em dezembro de 2005, concorreria à Presidência, mas desistiu em razão de problemas de saúde, em junho de 2006.

Até 5 de julho, último dia para inscrição das coligações, oito candidatos se registraram.

TABELA 4 – CANDIDATOS À PRESIDÊNCIA – 2006

Candidato	Partido	Coligação
Luiz Inácio Lula da Silva	PT	PT, PRB, PCdoB
Geraldo Alckmin	PSDB	PSDB, PFL
Heloísa Helena	PSOL	PSOL, PSTU, PCB
Cristovam Buarque	PDT	
Ana Maria Rangel	PRP	
José Maria Eymael	PSDC	
Luciano Bivar	PSL	
Rui Costa Pimenta	PCO	

Fonte: TSE

As eleições ocorreram no dia 1º de outubro, mas não foram decididas em primeiro turno. Até a segunda quinzena de setembro, as pesquisas mostravam que o presidente Lula seria reeleito em primeiro turno; no entanto, como conseqüência de acusações de tentativa de compra de um dossiê por membros do PT e da prisão dessas pessoas, as pesquisas realizadas a cada três dias mostravam a redução da diferença entre ele e o segundo colocado, Geraldo Alckmin.

TABELA 5 – RESULTADO DA ELEIÇÃO – PRIMEIRO TURNO – 2006

Candidato	Votação nominal	Percentual de votos válidos
Luiz Inácio Lula da Silva	46.662.365	48,61
Geraldo Alckmin	39.968.369	41,64
Heloísa Helena	6.575.393	6,85
Cristovam Buarque	2.538.844	2,64
Ana Maria Rangel	126.404	0,13
José Maria Eymael	63.294	0,07
Luciano Bivar	62.064	0,06

Fonte: TSE

No dia 29 de outubro de 2006 encerraram-se as eleições com a realização do segundo turno. O presidente Lula continuou em primeiro lugar; no entanto, com uma diferença maior do que aquela obtida em primeiro turno. Ele conseguiu 58.295.042 votos (60,83%). O candidato Geraldo Alckmin teve uma votação inferior à do primeiro turno, 37.543.178 votos (39,17%). Ao todo foram 95.838.220 votos válidos.

TABELA 6 – RESULTADO DA ELEIÇÃO – SEGUNDO TURNO – 2006

Candidato	Votação	Percentual
Luiz Inácio Lula da Silva	58.295.042	60,83
Geraldo Alckmin	37.543.178	39,17

A COBERTURA DA MÍDIA

O trabalho da mídia foi um dos destaques das eleições de 2006, embora em 2002 o tempo e o número de entrevistas e debates tenham sido maiores. Em 2002, a cobertura esteve centrada nas propostas, nos riscos e no debate econômico. Em 2006, a abordagem era dirigida às denúncias que envolviam governo e parlamentares; começaram em maio de 2005 e levaram a discussões sobre o papel da própria mídia em torno da chamada "crise política". No acompanhamento dos candidatos, nas entrevistas, sabatinas e debates, falou-se da Segurança Pública e de alguns problemas localizados, mas deu-se muita ênfase à corrupção e à falta de ética de parlamentares, do governo e dos partidos. Mesmo assim, considera-se que houve uma grande cobertura: "Os debates pela TV, as entrevistas às rádios, as sabatinas nos jornais ofereceram ao eleitorado mais subsídios do que os horários de propaganda comandados pelo TSE" (Dines, 2006).

As instituições de ensino e projetos ligados à pesquisa sobre mídia e política acompanharam dia a dia a veiculação de notícias de eleições pelos jornais. O Doxa[2] constatou que, de fevereiro até outubro de 2006, os quatro maiores jornais do Brasil – *Folha de S.Paulo*, *Jornal do Brasil*, *O Estado de S. Paulo* e *O Globo* – divulgaram mais de 28 mil matérias sobre os candidatos.[3] O levantamento do Instituto revelou também que só a *Folha de S.Paulo* veiculou, sobre candidatos, mais de nove mil matérias, representando 32,7%; e o jornal *O Globo*, quase oito mil, com 27,98%.

A tabela 7 mostra o número de reportagens sobre os candidatos em cada um dos quatro jornais e os respectivos percentuais dentro das 28.378 matérias veiculadas.

Os dados preliminares da pesquisa revelam ainda que o candidato Luiz Inácio Lula da Silva teve um nível maior de visibilidade. Ele foi contemplado com 13.700 matérias, seguido por Geraldo Alckmin, com 11.003. No jornal *O Globo* é que se registrou uma diferença menor entre os dois primeiros colocados, com menos de quinhentas matérias a mais para Lula. Nos outros periódicos, a diferença chegou a cerca de mil matérias.

TABELA 7 – MATÉRIAS SOBRE OS CANDIDATOS NOS JORNAIS – 2006

Jornal	Número de matérias	Percentual de matérias
Folha de S.Paulo	9.296	32,75
O Globo	7.941	27,98
O Estado de S. Paulo	6.144	21,65
Jornal do Brasil	4.997	17,608

Fonte: Doxa

TABELA 8 – NÚMERO DE MATÉRIAS EM JORNAIS POR CANDIDATO

Candidato	Número de matérias
Luiz Inácio Lula da Silva	13.700
Geraldo Alckmin	11.003
Heloísa Helena	2.206
Cristovam Buarque	963
José Maria Eymael	179
Luciano Bivar	165
Rui Costa Pimenta	111
Ana Maria Rangel	51

Entre os jornais, sobressaiu a *Folha de S.Paulo*, mesmo antes da definição dos candidatos, não só por ter feito uma cobertura maior que seus concorrentes, mas por passar a criticar o governo e se fundamentar nas denúncias, depois do episódio do Mensalão, como a base da abordagem jornalística. Não só a *Folha de S. Paulo*, mas parte da imprensa deixou o seu lado governista, como vinha fazendo nas últimas eleições, para se dedicar a posições contrárias e críticas ao governo. Então, ocorre na cobertura uma caça desenfreada ao escândalo, a exemplo de outros países, que "envolve principalmente temas como corrupção e deslizes de variadas espécies na vida pessoal. Ou seja, uma atitude que reduz, em notável medida, a política a uma dimensão puramente moralizante, sob o pretexto da busca de uma política conjugada com a ética" (Colling, 2007).

Colling fez um levantamento sobre a mídia nas coberturas eleitorais e a "crise política em 2005" e constatou que não só a *Folha de S.Paulo*, mas também a revista *Veja*, da Editora Abril, foram os veículos explicitamente contra o governo e o candidato Lula.

De 32 capas de *Veja* após a edição de 18 de maio de 2005, que deflagra a crise por meio de reportagem sobre o flagrante de um funcionário dos Correios recebendo propina, pelo menos vinte delas tratavam da crise no governo ou no PT como tema principal. Embora as investigações não conseguissem comprovar a vinculação de Lula com os casos de corrupção e esquemas de caixa dois do PT, a revista insistia em relacionar o presidente com os escândalos (Colling, 2007).

O que ocorreu no agendamento dos meios de comunicação em geral é que estes se concentraram nos assuntos da crise ao longo de todo o ano. A cobertura reduziu-se às CPIs do Mensalão (Valerioduto) e dos Sanguessugas e, mais perto do primeiro turno, ao Dossiê contra os Tucanos. A forma como foram feitas as denúncias oficializou no Brasil o *escândalo político midiático* (EPM). No conceito desenvolvido por J. B. Thompson[4], utilizado por Lima (2006b, p. 13), EPM é a divulgação de fatos previamente ocultados e moralmente desonrosos, desencadeando uma seqüência de ocorrências posteriores.

> O controle e a dinâmica de todo o processo deslocam-se dos atores inicialmente envolvidos para os jornalistas e para a mídia. [...] A crise política não existiria se ela não fosse *na* e *pela* mídia. E o que pretendemos examinar, para além da missão investigativa do jornalismo, é como, muitas vezes, a exacerbação dessa missão por jornalistas e empresas de mídia provocou sérios desvios não só das regras elementares do exercício profissional - vale dizer, do "bom jornalismo" - mas, sobretudo, dos princípios éticos básicos da profissão. (Lima, 2006a, p. 13)

As redes de televisão anunciaram grandes coberturas para as eleições, com entrevistas ao vivo, sabatinas e debate com os principais candidatos. A maior delas, a Rede Globo, procurou fazer uma abordagem intensa em seu noticiário, como em 2002, porém com menos entrevistas ao vivo e reportagens especiais. O *Jornal Nacional* teve apenas uma rodada de entrevistas no primeiro turno e não realizou a entrevista ao vivo do segundo turno, conforme anunciado anteriormente. O *Jornal Hoje* também não fez entrevistas ao vivo nos estúdios. O destaque da emissora foi o projeto Caravana *JN*.

Em 2006, a Rede Globo divulgou menos pesquisas eleitorais que em 2002, fechou contrato com as empresas de pesquisa Datafolha, do Grupo Folha de S.Paulo, e Ibope. De abril até o final do segundo turno, o noticiário divulgou 33 resultados sobre a eleição presidencial. Foram dezessete do Datafolha e dezesseis do Ibope, não entrando na contagem as pesquisas de boca de urna.[5]

Segundo Colling (2007), a emissora foi um dos veículos que procuraram a neutralidade na cobertura da "crise" e das eleições. No entanto, sabe-se dos seus comprometimentos com o governo, seja por meio da dependência da publicidade, seja por meio de acordos, como a ajuda financeira à TV por assinatura, além do benefício propiciado pelo governo ao optar pelo padrão japonês de TV Digital[6]. Só que, mesmo assim, em meio à crise política, em maio de 2005, um encontro entre políticos do PFL – Jorge Bornhausen e José Agripino Maia – e o principal executivo das Organizações Globo, João Roberto Marinho, revelava a intenção da maior emissora do Brasil. Isto é o que se depreende da conversa relatada por Scolese e Nossa (2005, p. 214-5): "O dirigente da poderosa TV Globo afirma aos líderes do PFL que um segundo mandato de Lula poderá levar o país a uma situação caótica. E admite que prefere Geraldo Alckmin a José Serra na cabeça de chapa da oposição".

Antes do registro definitivo dos candidatos, no início da campanha eleitoral, o "alvo" da Rede tinha sido a possível candidatura própria do PMDB e, principalmente, do pré-candidato Anthony Garotinho, que ainda move processo na Justiça contra a emissora e a revista *Veja*. No final do primeiro turno, nas últimas duas semanas, a cobertura da emissora voltou-se para o episódio do dossiê.[7] Vianna[8] afirma que o projeto de cobertura mudou depois do dia 18 de setembro e a recomendação a entrevistas e abordagens passou a ser outra:

> "Vamos perguntar sobre o dossiê para todos os candidatos." Todo dia essa passou a ser a pergunta para Cristovam, Heloísa Helena, Alckmin. Vão falar sobre o dossiê e vão cobrar da candidatura Lula, do governo e da PF por que esses caras estavam com o dinheiro lá. O coordenador aqui em São Paulo fazia isso, mas era uma pessoa que simplesmente repassava a orientação do Rio de Janeiro. A orientação que passou a imperar foi essa.

A cobertura da Globo no final do primeiro turno causou protestos de jornalistas, críticas em revistas e na internet e resultou em um abaixo-assinado liderado pela direção da Globo, pouco antes do segundo turno, contra as críticas. Sobre o documento, Vianna relata:

> Veio pelo computador, e ele foi passando de mesa em mesa. Foi o chefe de redação que veio trazer pedindo para assinar em defesa dos colegas. [...] O texto era muito safado, porque toda a defesa da Globo era feita dentro do episódio do avião. [...] No último parágrafo, falavam que, em função disso, é inadmissível que queiram atacar nossa cobertura, que foi isenta. Ou seja, você pega parte para fazer a defesa do todo, você tenta desmontar o argumento de que a Globo deixou de dar o episódio do avião e, supostamente, ao fazer esta defesa, faz a defesa de toda cobertura. [...] O abaixo-assinado serviu para demarcar território.

O documento não surtiu efeito e os repórteres da Globo voltaram a sofrer constrangimento nas ruas, como em outras ocasiões. No dia 29 de outubro, após a apuração final das eleições, durante o primeiro discurso do presidente reeleito, na avenida Paulista, em São Paulo, o repórter da emissora não conseguia gravar a passagem por causa dos gritos de protesto de "Fora Rede Globo!"[9] Para Lima (2006a), a cobertura enviesada da mídia desde a "crise política" em 2005 não afetava a opinião da maioria dos brasileiros, mas a situação alterou-se às vésperas do primeiro turno, levando a votação para o segundo. Para o pesquisador, "o que está em jogo é o direito do cidadão de ser bem informado".

Que jornais, revistas e concessionários de emissoras de rádio e televisão tenham posição editorial político-partidária é apenas normal. Que essas posições deliberadamente contaminem a cobertura política – sem ser explicitadas – é violar o direito fundamental dos cidadãos de serem corretamente informados.

A versão própria de fatos divulgados pela mídia no período da campanha eleitoral tornou-se, sem dúvida, o grande debate sobre as eleições de 2006. "As eleições de 2006 sinalizam um importante avanço histórico em nosso país: a grande mídia entrou – finalmente – na agenda da discussão pública" (Lima, 2006a).

O PAPEL DO TELEJORNAL NAS ELEIÇÕES DE 2006

Antes de analisar, por meio da amostra do *Jornal Nacional*, o comportamento da Rede Globo, cabe relembrar os destaques da cobertura no telejornal. A Globo tentou inovar e, além de dar espaço sistematicamente a todos os candidatos, inclusive os de partidos pequenos, criou o projeto Caravana *JN*.

Em julho, ao final da Copa do Mundo, a emissora já divulgava em campanha publicitária como seria a "maior cobertura de eleições". As outras emissoras respondiam criticando a falta de isenção da concorrente e o *show* no qual ela pretendia transformar o *fato jornalístico*, referindo-se à Caravana. O projeto foi considerado grande estratégia de cobertura para a emissora. O projeto previa uma viagem de quinze mil quilômetros durante dois meses a bordo de um *motor home* e oito dias num barco atravessando parte da região Norte. Além do jornalista Pedro Bial, a Caravana era composta de mais doze pessoas, incluindo três seguranças. Seis profissionais, técnicos e produtores se revezariam nos dois meses.

Segundo as primeiras informações sobre a Caravana, a apresentação do *JN* seria a cada quinze dias de uma região diferente e os titulares oficiais do telejornal se revezariam na viagem. Mas Fátima Bernardes só ancorou o jornal do local onde estava a Caravana em uma oportunidade, no dia 14 de agosto, na região Sudeste. O telejornal fez reportagens especiais para apresentar o próprio trabalho: o *motor home* e os bastidores da ancoragem externa, propiciando ocasião a que o público, presente no local, pudesse se ver na TV no dia seguinte. Nas apresentações externas do *JN*, o público "participava" como se estivesse no próprio *Big Brother* ou no extinto programa *Você Decide*. Para a Rede era tecnologicamente o maior projeto especial já feito para uma eleição.

> Durante os dois meses de projeto, de 31 de julho a 30 de setembro, o *Jornal Nacional* vai exibir, de segunda a sábado, a série *Desejos do Brasil*. Com reportagem de Pedro Bial, as matérias serão produzidas, realizadas e editadas pela equipe da Caravana *JN*. Motivada pelas eleições, a série vai traçar um panorama dos anseios dos brasileiros, captando os contrastes do território nacional. [...]. O *motor home* vai transportar um sistema *fly away* que permite transmissão via satélite de qualquer ponto do Brasil (...) o técnico alinhará a antena com um dos satélites e enviará os dados para a emissora no Rio de Janeiro.[10]

Se para a Globo a Caravana *JN* representava o trunfo da cobertura das eleições de 2006, para alguns jornalistas de política da emissora a forma como o projeto foi conduzido representou uma grande decepção.

> A gente estranhou, porque você faz um esforço danado para tentar mostrar que o jornalismo na televisão não é show, é jornalismo, e aí na hora que vão entrar as matérias de jornalismo político você escolhe como figura para ancorar as matérias e fazer as matérias um personagem que está vinculado à linha de shows da emissora, que é o Big Brother. Então, isso desagradou um pouco e a própria linha da cobertura das matérias que foram feitas, na minha opinião, privilegiou uma coisa mais de show do que de discussão efetiva: então, vai para o Sul do país e mostram os japoneses que sabem artes marciais. [...] Foi para o Nordeste, foi para uma cidade e fizeram uma metáfora com o jogo de futebol.[11]

A Caravana *JN* entrou no ar pela primeira vez em 31 de julho de 2006. Começou em São Miguel das Missões, no Rio Grande do Sul. A proposta levantou muitas críticas em relação à fidelidade jornalística, à coerência com o projeto do *JN* e às reais intenções dos diretores globais. Montuori (2006) apontou que os produtores escolheram os lugares mais pobres, com o objetivo de observar de perto o desempenho dos projetos sociais, nesse caso para avaliar o governo Lula.

Assim, adentrar esse espaço de forma legítima, colocando seus apresentadores para confirmar a veracidade dos fatos, lado a lado com a população, poderia representar para o *Jornal Nacional* uma estratégia correta e sutil de influenciar o eleitor que comprou o discurso da aproximação, do governo do povo, fórmula marcante e bem-sucedida do presidente Lula durante seus quatro anos de mandato. Estar ao lado do povo, falando diretamente para ele, fez reacender inclusive os debates sobre a possibilidade de um novo populismo, representado na figura de Lula.

Silva (2006) comparou o projeto a um espetáculo circense, fazendo alusão à Caravana Rolidei, nome do circo mambembe que rodava o país em *Bye bye Brasil*, filme de Cacá Diegues.

Mais de 25 anos depois, o que faz a Caravana *JN*? Recria o circo, mas o leva para dentro da TV e das casas. O ônibus da Globo é um simulacro tardio da descoberta do Brasil profundo e do reencontro com os anseios do povo. Há uma espécie de pasteurização da vida popular, uma nova "poética da miséria" disposta a nos revelar as riquezas singelas do brasileiro pobre. Nesse pastiche de circo itinerante há números cívicos, truques de entretenimento, malabarismos retóricos.

Ao contrário de 2002, quando os candidatos de partidos pequenos e sem expressão, chamados de "nanicos", quase não apareceram, em 2006 a Globo decidiu divulgar diariamente os candidatos e ainda apresentar, duas vezes por semana, matérias com tempos iguais aos candidatos desses partidos. O diretor-executivo da Central Globo de Jornalismo, Ali Kamel, contou que houve um acordo entre a Globo e os partidos para que os candidatos com menos de 5% nas pesquisas eleitorais, ou que fossem de partidos com menos de cinco deputados federais, tivessem cobertura igual no *JN*. Rui Costa Pimenta não foi beneficiado com a proposta porque seu partido, PCO, não elegeu nenhum deputado federal em 2002, e Ana Maria Rangel estava com a candidatura suspensa pelo TRE.

A visibilidade dada pelo *JN* aos presidenciáveis nanicos Luciano Bivar e José Maria Eymael teve tal importância que eles apenas se interessavam em aparecer no *JN* e ser reconhecidos em todo o Brasil. E conseguiram o objetivo em um período de um mês. Eymael e Bivar precisaram, inclusive, simular campanhas pelas ruas e até usar figurantes como adeptos. Tudo era orientado para entrar no telejornal conforme o acordo. Houve até instrução de cinegrafistas para os coadjuvantes: "Não olha para a câmera, amigo, conversa com o candidato". Na campanha de Bivar, moças foram contratadas para balançar bandeiras para as lentes do *JN*. O presidenciável José Maria Eymael também teve de procurar ajuda de figurantes, que se disfarçaram de correligionários. Um assessor tinha, entre outras funções, de recrutar pessoas na rua para Eymael cumprimentar (Oliveira, 2006).

O acordo de visibilidade no *Jornal Nacional* para os candidatos nanicos previa que eles não participariam do debate que a emissora realizou no dia 28 de setembro; no entanto, a Globo, no meio da campanha, desistiu da cobertura. Como o TSE decidiu que Bivar e Eymael não teriam mesmo direito de participar dos debates, porque seus partidos não possuíam representação na Câmara à época das convenções, a emissora se viu liberada. Para as candidaturas dos nanicos, perder a cota de participação no *JN* foi um balde de água fria nas campanhas. A assessoria do candidato Eymael revelou, na época, que "o número de e-mails enviados diariamente ao candidato despencou de quatrocentos para menos da metade" (Bergamo, 2006). Os dois candidatos chegaram a divulgar que entrariam com recurso no TSE contra a TV Globo.

∽

Notas
1 Decisão liminar do ministro Marcelo Ribeiro do Tribunal Superior Eleitoral.
2 Doxa: Laboratório de Pesquisas em Comunicação Política e Opinião Pública, do Instituto Universitário de Pesquisas do Rio de Janeiro (Iuperj), entidade ligada à Universidade Candido Mendes.
3 Números distribuídos por jornais e candidatos e divulgados a cada quinze dias no site <www.doxa.iuperj.br>. Acesso em 10 jan. 2007. Até a data da pesquisa, os números obtidos por jornais e os percentuais ainda não estavam disponíveis. O somatório e a interpretação foram feitos pela autora.
4 Sociólogo inglês que trabalha com a relação mídia e política e desenvolveu o conceito de EPM.
5 Contagem feita na observação diária do telejornal e com dados disponíveis nos sites dos institutos de pesquisa.
6 O modelo de TV Digital que começou a ser implantado no Brasil é o padrão japonês. A transmissão e a modulação em digital permitem a alta qualidade técnica de imagens e sons, interatividade e multiplicidade de canais. "O presidente levou em conta o *lobby* das grandes emissoras de TV do Brasil a favor do padrão japonês. 'Não seria inteligente do ponto de vista político', avalia Lula, contrariar essas empresas no ano em que disputará a eleição" (Alencar e Medina, 2006).
7 Denúncias sobre a tentativa de compra – por pessoas ligadas ao Partido dos Trabalhadores – de um dossiê contra José Serra e Geraldo Alckmin. No capítulo da amostra a pesquisa relata o dia-a-dia da abordagem do episódio.
8 Rodrigo Vianna, ex-repórter da Rede Globo, em entrevista à autora; São Paulo, 28 de fevereiro de 2007.
9 Episódio relatado por Rodrigo Vianna e divulgado em sites na internet (ver Barbosa, 2006).
10 Informações enviadas por e-mail pela responsável pelo apoio a pesquisas acadêmicas da Rede Globo, Viviane Tanner, no dia 28/7/2006, às 14h18.
11 Rodrigo Vianna, em entrevista à autora; São Paulo, 28 de fevereiro de 2007.

PARTE II
A DIFERENÇA ENTRE GANHAR E PERDER

5
Campanha de 2002 – enquadramento, visibilidade e valência

A análise de conteúdo dos 98 telejornais estudados nas eleições de 2002 baseou-se em dados que abrangem o período compreendido entre 23 de abril e 27 de outubro. No total, foram utilizadas gravações de 166 telejornais, gerando resultados quantitativos para cada mês. Para o estudo, foram selecionados telejornais em quatro períodos do ano eleitoral:

- 1º período: pré-convenções, de 23 a 26 de abril, 7 a 17 de maio e 5 a 14 de junho, 22 telejornais analisados;
- 2º período: pós-registro de candidaturas e primeira rodada de entrevistas ao vivo com candidatos até a entrada do horário eleitoral, de 8 a 31 de julho e de 5 a 10 de agosto, com 28 telejornais estudados;
- 3º período: da entrada do horário eleitoral até o final do primeiro turno, de 20 de agosto até 5 de outubro, analisaram-se 34 telejornais;
- 4º período: foram analisados catorze telejornais no segundo turno, conforme tabela 9.

Para a análise buscaram-se, como já foi dito, telejornais em diferentes períodos da programação e com alguma representatividade no cenário eleitoral de 2002. O número de telejornais utilizados na pesquisa está relacionado ao grau de importância de cada período e à crescente cobertura pelo telejornal analisado.

Foram inseridos programas de todos os meses pesquisados, de abril até o segundo turno.

TABELA 9 – TELEJORNAIS E NÚMERO DE MATÉRIAS

	1º Período	2º Período	3º Período	4º Período	Total
Telejornais exibidos	60	43	40	23	166
Telejornais analisados	22	28	34	14	98
Número de matérias	66	148	160	30	404

1º PERÍODO: PRÉ-CONVENÇÃO (ABRIL, MAIO, JUNHO)

O primeiro momento analisado refere-se ao período em que as candidaturas ainda não estavam homologadas, porém já se encontravam definidas. Esse período é aquele em que ocorre a definição de chapas, candidatos a vice e coligações. No mês de abril, por exemplo, a ex-governadora Roseana Sarney, considerada uma forte candidata, foi obrigada a desistir da candidatura por causa de denúncias contra ela e o marido, as quais tiveram muita visibilidade no *Jornal Nacional*. O seu partido, o PFL, ficou dividido no apoio.[1]

No mês de abril, o telejornal divulgou reportagens diárias sobre denúncias de desvio de dinheiro e corrupção. Algumas resgatavam episódios como o "Caso Lalau" e a "Máfia do INSS".[2] As matérias periódicas sobre a crise econômica na Argentina destacavam a situação de pobreza, as mudanças e a decadência do país. No Brasil, as matérias eram otimistas e de valorização da economia, mas as insinuações eram de que o Brasil, dependendo do próximo presidente, poderia virar uma "Argentina".

REPÓRTER: Um jeitinho de ganhar tempo. Não se vê ainda uma saída para a crise argentina, um pacto político não resolve a situação. Aos governantes, estão acabando não só as alternativas no campo econômico. Está acabando o tempo para que encontrem uma saída que não signifique mais caos social e destruição política [...]. (25/4/2002)

REPÓRTER: [...] Dona Licia não tem dinheiro no banco nem fé no governo. Ainda mora na mesma casa de alta classe média, mas nos últimos dois anos sofreu uma brutal redução no padrão de consumo. (25/4/2002)

REPÓRTER: [...] A Argentina trocou de ministro da Economia seis vezes no último ano. E nenhum conseguiu frear o crescimento da miséria e da pobreza absoluta. Comunidades carentes estão aumentando depressa, concentrando gente que não tem emprego e, para comer, precisam de caridade. (26/4/2002)

COMENTARISTA: Aqui vai a receita para virarmos a Argentina: eleja um presidente que se ache acima do Congresso, ou um presidente abaixo do Congresso, sem maioria para governar. Ou um presidente machinho: "Eu boto pra quebrar". Ou que diga: "Dane-se o mundo; só existe o Brasil". Ou, então: "Dane-se o Brasil, só existe o mundo". Ou um populista: "Eu prometo tudo a todos, pois Deus me mandou". Ou, então: "Democracia é coisa de burguês, e ajuste fiscal é bobagem". (26/4/2002)

APRESENTADOR: Os indicadores divulgados hoje pelo IBGE mostram as transformações do país entre os anos de 1991 e 2000. O presidente Fernando Henrique Cardoso, que assumiu o cargo no meio da década, analisou o resultado da pesquisa. O presidente Fernando Henrique destacou os pontos que achou mais importantes do Censo 2000. Quase todas as crianças de 7 a 14 anos na escola; mais casas com rede de esgoto, água e coleta de lixo. Queda na mortalidade infantil. (8/5/2002)

Nesse período, os candidatos começaram a aparecer quase diariamente em matérias no *Jornal Nacional*; entretanto, eram chamados de pré-candidatos e tinham os nomes insertos em matérias relacionadas com ajustes em partidos para a costura das coligações, além de ser chamados a dar opinião sobre assuntos polêmicos, como a votação da CPMF, Lei de Responsabilidade Fiscal e alíquotas do IR.

Junho foi o mês da Copa do Mundo; conseqüentemente, o número de matérias sobre as eleições e o tempo dedicado a elas no *JN* diminuíram, com os candidatos aparecendo apenas na divulgação das pesquisas e em matérias de economia. A tabela 10, a seguir, demonstra o nível de visibilidade dos pré-candidatos nesse momento. Além dos quatro principais, confirmados após as convenções, surge ainda o pré-candidato do Prona. A tabela apresenta a participação dos presidenciáveis no telejornal, evidenciando o número de matérias sobre as eleições ou candidaturas e qual o percentual de inserção de cada candidato.

TABELA 10 – NÚMERO E TEMPO DE MATÉRIAS POR CANDIDATO – 1º PERÍODO

Candidato	Número de matérias	Percentual do total	Tempo das matérias
Ciro Gomes	15	22,73	19m55s
Anthony Garotinho	15	22,73	17m36s
Luiz Inácio Lula da Silva	16	24,24	16m22s
José Serra	19	28,79	18m33s
Enéas Carneiro	1	1,51	1m
Total de matérias	66	100	

A análise do primeiro período demonstra que houve certo equilíbrio no número de matérias e no tempo de presença dos pré-candidatos no telejornal. José Serra (PSDB) é o que esteve em um maior número de matérias. Foram três a mais que Luiz Inácio Lula da Silva e quatro a mais que os outros dois principais pré-candidatos. Isso não significa, no entanto, que ele teve mais visibilidade. Ciro Gomes (PPS), apesar de ter quatro matérias a menos, esteve mais tempo em evidência, com um minuto e 22 segundos a mais que Serra, portanto mais visível.

Embora o pré-candidato do PPS tenha ficado mais tempo em exibição em relação aos outros, José Serra e Garotinho foram os que mais falaram, por meio de entrevistas ou dentro dos VTs[3]. O número de falas dos dois foi o mesmo: três sonoras a mais que Ciro e Lula. No tempo total, Garotinho, de certa forma, beneficiou-se com um minuto a mais que outros candidatos. Mas, se Serra teve mais sonoras, ele acabou falando menos tempo que Lula, por exemplo.

A tabela 11 traz esses parâmetros e anota também o percentual da sonora dentro das matérias destinadas a cada candidato. Garotinho, por exemplo, teve 64% de sonoras nas reportagens.

TABELA 11 – NÚMERO E TEMPO DE SONORAS POR CANDIDATO – 1º PERÍODO

Candidato	Matérias	Sonoras	Percentual do número total nas matérias	Tempo das sonoras	Percentual do tempo total nas matérias
Ciro Gomes	15	6	40	2m10s	10,89
Anthony Garotinho	15	9	64	3m40s	20,85
Luiz Inácio Lula da Silva	16	6	37	2m31s	15,44
José Serra	19	9	52	2m27s	13,26
Enéas Carneiro	1	0			

No estudo do primeiro período, percebe-se que o tempo e o número de sonoras e reportagens destinados a cada candidato mantiveram-se equilibrados, já que, se por um lado um candidato teve mais matérias, por outro pode ter perdido em tempo ou em número de falas. Mas, para uma análise mais abrangente, é preciso verificar os temas abordados, porque um candidato pode não ter sido privilegiado, apesar do tempo maior ou de mais espaço de falas, se as matérias sobre ele tiverem sido negativas.

TABELA 12 – VALÊNCIA DAS MATÉRIAS POR CANDIDATO – 1º PERÍODO

Candidato	Valência das matérias/Porcentagem					
	Positiva		Negativa		Neutra	
Ciro Gomes	4	26,6%	5	33,3%	6	40%
Anthony Garotinho	2	13,33%	6	40%	7	46,6%
Luiz Inácio Lula da Silva	3	18,75%	7	43,75%	6	37,5%
José Serra	8	42,1%	3	15,78%	8	42,1%

A tabela 12 demonstra que, no primeiro período analisado, os candidatos considerados de oposição receberam mais valências negativas nas matérias que o candidato do governo. Entre Lula e Serra ocorreu exatamente o oposto – enquanto Serra teve oito matérias consideradas positivas, Lula teve sete negativas. As matérias negativas sobre Lula corresponderam a aproximadamente 44% de todas as matérias apresentadas no período, enquanto para Serra as negativas representaram quase 16%. Em relação aos outros dois candidatos, Ciro e Garotinho, prevaleceram as matérias com valência neutra, embora as positivas para Garotinho, por exemplo, não tenham passado dos 13,33% do total.

Pelo critério adotado, em que a valência positiva é considerada para o candidato que tem destacados em sua fala ou reportagem planos de governo, promessas e avanços em pesquisas, percebe-se que o *Jornal Nacional* privilegiou muito mais o candidato do governo, ao destacar tais assuntos nas matérias sobre Serra. Relaciona-se aqui uma série de assuntos que sobressaíram no *Jornal Nacional* nesse período e como eles contribuíram ou não para a visibilidade positiva das candidaturas.

No começo do período analisado, o *JN* salientou as alianças de candidatos com outros partidos e o apoio de políticos. Nesse momento, a valência variava de acordo com o apoio recebido. No caso de José Serra, chamou a atenção o apoio recebido do PFL, citado duas vezes em uma mesma matéria. Para Garotinho, o apoio de Maluf, destacado pelo *JN*, não teve a mesma valência positiva que Serra, porque ligava seu nome a um político que já teve problemas com a Justiça.

Pelo critério, a valência negativa ocorre quando a matéria faz ressalvas a candidatos e reproduz críticas e ataques de concorrentes. Veremos, a seguir, como o *Jornal Nacional* deu ênfase a tais ataques. As matérias de economia sobre a crise na Argentina, o aumento do dólar e do risco Brasil provocaram invariavelmente destaque negativo para os candidatos, uma vez que apontavam que o risco Brasil, por exemplo, poderia aumentar em conseqüência de depoimentos entendidos como ameaçadores à estabilidade econômica.

Em dois telejornais, Arminio Fraga, presidente do Banco Central, deu entrevista fazendo essas ressalvas. O ministro da Fazenda, Pedro Malan, apareceu em três telejornais relacionando a crise aos candidatos de oposição. Em quase todos os telejornais do mês de maio as matérias sobre a Argentina e as falas de Malan e Serra destacavam que o Brasil poderia se transformar "na Argentina". Enquanto isso, Serra salientava várias vezes: "É preciso ter a casa arrumada, senão vira a Argentina".

Esses enquadramentos negativos para os candidatos de oposição tiveram seu "auge" no dia 13 de maio, quando o *JN* exibiu uma entrevista do presidente do Banco Central, Arminio Fraga, no *Bom Dia Brasil*.

APRESENTADOR: O presidente do Banco Central, Arminio Fraga, comentou, hoje, as oscilações dos últimos dias no mercado financeiro – e os relatórios de bancos estrangeiros recomendando aos clientes que reduzam investimentos no Brasil por causa de pesquisas eleitorais. Numa entrevista ao *Bom Dia Brasil*, ele disse que ainda não está claro nos programas de oposição que não haverá mudança radical nos rumos da economia. (13/5/2002)

A parte editada da entrevista para o *JN* teve mais de dois minutos e uma repercussão negativa para os candidatos de oposição. O presidente do Banco Central dizia que "não devíamos esquecer o passado" e insinuava que, se houvesse mudança na direção do governo, tudo poderia mudar e a estabilidade estaria ameaçada. "É comum os candidatos prometerem e dizerem que tudo é viável ao mesmo tempo e já. O medo é que, por falta de entendimento, você entra em uma trajetória e vai dando vários passos na direção errada." Como se vê, a entrevista apresentada pelo telejornal suscita o medo da mudança.

O tempo destinado à matéria e às falas do presidente do BC já teve um tom parcial. O espaço de dois minutos é considerado um tempo muito grande em telejornalismo – o tempo médio de matérias do telejornal é de um minuto e meio. Além disso, na *cabeça da matéria*[4], Bonner, de modo interpretativo, disse que Fraga ainda não tinha claro que os candidatos de oposição não mudariam a economia e, na *nota coberta*[5], em que repercutiu a entrevista com os candidatos, afirmou que "Ciro Gomes, pré-candidato do PPS, disse que haverá mudanças na economia se ele for eleito".

Outro assunto que o telejornal apresentou e gerou polêmica foi a discussão da Lei de Responsabilidade Fiscal, questionada no STF pelos partidos de oposição. Pedro Malan, então, deu uma entrevista em tom de ameaça dizendo que, se a lei não fosse cumprida, a inflação voltaria.

PEDRO MALAN: A volta da inflação é uma possibilidade, se não houver uma atenção da sociedade, do debate público nos próximos meses, o respeito à Lei de Responsabilidade Fiscal, que alguns querem modificar radicalmente com ações na Justiça e posições dessa natureza; é uma possibilidade que não pode ser eliminada. (16/5/2002)

A matéria tornou-se negativa para os candidatos oposicionistas, porque a entrevista insinuou que eles queriam a volta da inflação, por estarem questionando a LRF, embora Lula e Garotinho tenham dado opinião contrária ao próprio partido e tenham defendido a Lei de Responsabilidade Fiscal. O *Jornal Nacional* exibiu, quase diariamente, no mês de junho, matérias dando mostras de que o mercado financeiro tinha ficado nervoso com o aumento do dólar e do risco Brasil. E de Arminio Fraga declarando que o medo dos investidores pela proximidade das eleições estava fazendo o risco Brasil subir. Na matéria em que ouviu Lula, Bonner disse que o candidato criticou a entrevista de Arminio.

APRESENTADOR: O pré-candidato do PT à Presidência da República, Luiz Inácio Lula da Silva, criticou hoje a declaração do presidente do Banco Central, Arminio Fraga, de que a incerteza dos investidores em relação ao futuro político do país está contribuindo para o nervosismo do mercado financeiro.
LULA: Esse cenário da subida do dólar e da desvalorização dos juros se deveu, única e exclusivamente, ao próprio Banco Central, que, ao mexer no fundo, criou desconfiança. Eu acho que o presidente da República devia assumir a seguinte responsabilidade: nenhum funcionário do governo deveria comentar qualquer bobagem que pudesse criar mais embaraço para o mercado. (5/6/2002)

Os candidatos Lula e Ciro contra-atacaram devolvendo a responsabilidade ao governo. Garotinho não quis falar sobre o assunto, preferiu a neutralidade. Se o *JN* tinha a intenção de colocar em evidência o candidato Serra – quando ele deixou claro que sua vitória seria o melhor para o país e a única forma de acalmar o mercado –, conseguiu, mas destacou também o perfil crítico e o discurso direto de Ciro.

APRESENTADOR: Ele [Serra] acha que o pano de fundo dos problemas econômicos atuais é a questão eleitoral, mas discorda da análise dos investidores.
SERRA: Acho que é uma análise errada que fazem os investidores. Estamos a muito tempo das eleições. Os resultados da eleição vão

ser bons para a economia e não se justifica introduzir nas análises de risco, hoje, as pesquisas, porque ainda falta muito tempo para a eleição. Portanto, o pano de fundo realmente é a questão eleitoral, mas a meu ver injustificadamente. (5/6/2002)

O candidato do PPS disse que a culpa era das autoridades e citou dados sobre o aumento das dívidas externa e interna. Ciro teve o maior tempo de fala, foi bem destacado e, com isso, recebeu valência positiva.

APRESENTADOR: Para Ciro Gomes, do PPS, a responsabilidade é das autoridades brasileiras.
CIRO: Eu acho, inclusive, que as autoridades brasileiras têm, nervosas ou oportunistas, ajudado a criar esse clima de especulação. O que está de fato ficando flagrante no Brasil é que eles explodiram a dívida interna de R$ 61 bilhões para R$ 640 bilhões, em sete anos. Eles arrebentaram a dívida externa de US$ 128 bilhões para US$ 250 bilhões. A conseqüência prática disso é que o mundo inteiro, que não é vítima da propaganda que aqui tenta desviar a atenção da população, sabe que o Brasil vai ter dificuldades sérias para manejar suas dívidas. (5/6/2002)

Nesse momento, o *Jornal Nacional* já vinha realçando o "jeito explosivo" de Ciro, destacando suas críticas e relacionando-o com denúncias. Em 15 de maio, o *JN* começou uma série de matérias negativas sobre Ciro Gomes e apresentou reportagem sobre o acordo entre a Frente que apoiava Ciro e o partido de Collor, em Alagoas, mostrando o filho de Collor em uma reunião, destacando sua imagem com um recurso gráfico.

APRESENTADOR: Confusão na Frente Trabalhista que apóia o pré-candidato do PPS à Presidência, Ciro Gomes. O desentendimento foi provocado pelo anúncio da aliança, formada em Alagoas, que inclui o partido do ex-presidente Fernando Collor [...].

O acordo foi assinado numa reunião onde estavam os representantes do PTB, PDT e PPS. Os três acertaram a aliança com o PFL, PTB e PRTB. Estavam presentes o filho do ex-presidente Fernando Collor, Arnon Afonso, e o deputado Augusto Farias. O compromisso tem a assinatura de todos os presidentes regionais dos seis partidos. (15/5/2002)

Outro VT mostrou Ciro saindo, irritado, sem dar a entrevista, já combinada, à repórter da Globo, Delis Ortiz. As cenas tornaram Ciro ainda mais antipático para o público, e ele reagiu aos ataques dizendo que estavam tentando relacionar a imagem dele à de Collor. A matéria é encerrada com uma narração da repórter:

REPÓRTER: Em nota, Ciro Gomes reagiu à associação da imagem dele com Collor. Disse que o objetivo é criar intrigas. O pré-candidato do PPS acabou desistindo de gravar entrevista. (15/5/2002)

Nesse período analisado, o telejornal também mostrou críticas de Lula à economia. Na edição de 26/4/2002, o telejornal polemizou o noticiário com uma sonora de Lula sobre o aumento da alíquota de Imposto de Renda. A matéria foi interpretativa, pois a edição selecionou a fala e incitou os outros pré-candidatos a comentá-la.

APRESENTADOR: Uma declaração do pré-candidato do PT à Presidência da República, Luiz Inácio Lula da Silva, acabou provocando comentários dos outros pré-candidatos. Lula disse ontem na Assembléia Legislativa de Salvador que a alíquota do Imposto de Renda para quem ganha muito deveria aumentar, chegando até a 50%.
LULA: Um cidadão que ganha R$ 3 mil, R$ 4 mil já tem que pagar 27,5%. Depois, se ganhar um pouco mais vai para 35%, quando você

poderia ter uma escala de 5%, 10%, 15%, até chegar a 50% nos altos salários. Mas deveria diminuir na base da pirâmide. (26/4/2002)

Para Serra, a valência negativa no período aconteceu principalmente em uma matéria de denúncia contra o diretor do Banco do Brasil, Ricardo Sérgio, assessor da sua campanha em 1994, acusado de receber propina no processo de privatização da Companhia Vale do Rio Doce. A denúncia teve validade negativa para o candidato, mas, no fim da matéria, uma fala do ministro da Educação, Paulo Renato Souza, afirmava que as denúncias eram infundadas e que Serra era o melhor para dirigir o país; essa imagem foi a que ficou.

APRESENTADOR: O ex-diretor do Banco do Brasil, Ricardo Sérgio, divulgou hoje nota em que nega as denúncias publicadas pela revista *Veja*, de que teria pedido R$ 15 milhões de propina ao empresário Benjamin Steinbruch, durante o processo de privatização da Vale do Rio Doce.
Na nota, Ricardo Sérgio diz que se trata de uma mentira sórdida. Afirma que nunca pediu nada a Benjamin Steinbruch. E que está à disposição da Justiça para qualquer esclarecimento. Ricardo Sérgio, um dos arrecadadores de dinheiro de campanhas eleitorais do senador José Serra, diz ainda que o considera um homem público preparado para conduzir os destinos do país. E que se recusa a compactuar com o que chama de trama de baixo nível, que claramente visa atingir a candidatura de Serra.
REPÓRTER: Em Nova York, onde foi participar de uma conferência das Nações Unidas, o ministro da Educação, Paulo Renato Souza, que confirmou à revista ter ouvido a denúncia de Steinbruch, disse que a conversa entre os dois foi rápida. E surgiu enquanto tratavam de outro assunto. Para o ministro, a história voltou à tona por causa do momento eleitoral.
ENTREVISTADO: Isto é uma armação para tentar desestabilizar a candidatura do senador José Serra. Não começou o debate político

ainda. Infelizmente está todo mundo preocupado apenas com questões menores, com pesquisa, que neste momento final não tem nenhum valor. Ninguém está discutindo propostas para o país. Admiro o senador José Serra, tenho respeito por ele e sei da sua honestidade, e sei que é o candidato mais capacitado. (7/5/2002)

Para Garotinho, ex-governador do Rio, e Lula, candidato do PT, o destaque negativo ficou para as matérias de violência no Rio, onde o repórter da Rede Globo, Tim Lopes, foi assassinado. As matérias acusavam a polícia e secretários de Segurança da gestão de Garotinho e da governadora Benedita da Silva, do PT.

A edição do *JN*, no primeiro período analisado, é muito questionável, porque "sugere" parcialidade ao selecionar e enquadrar depoimentos polêmicos que poderiam contribuir negativamente para as candidaturas. O telejornal também se presta ao descrédito, fazendo edições tendenciosas e usando textos interpretativos e de deboche. Ao falar de Itamar Franco, que se desfiliou do PMDB e anunciou apoio ao PT, por exemplo, Bonner debochou do ex-presidente quando ressaltou o fato com um sorriso de desrespeito: "Ele já saiu do PMDB três vezes e desta vez disse que é para sempre".

2º PERÍODO: PÓS-CONVENÇÃO (JULHO, AGOSTO)

O segundo período analisado destaca os candidatos com as coligações definidas, registradas e em plena campanha. O momento antecede o horário eleitoral, e a análise começa em um período forte para o *Jornal Nacional*: as entrevistas ao vivo no estúdio. Era a primeira vez em 33 anos: "Nós estamos vivendo hoje um marco na história do *Jornal Nacional*", dizia William Bonner[6].

Na quantificação do conteúdo não constam resultados referentes às entrevistas ao vivo pois considerou-se que elas já estavam com o tempo previamente definido. No entanto, a análise foi feita e os resultados são apresentados. A pesquisa, como no primeiro período, buscou quantificar o espaço dedicado pelo telejornal a cada candidato. É preciso lembrar que, a partir do início de julho, logo após o registro das candidaturas, o *Jornal Nacional* apresentou diariamente as agendas, por isso é perceptivo novamente um equilíbrio quanto ao espaço para cada presidenciável.

Ao contrário do período anterior, apareceram também os outros dois candidatos à Presidência – José Maria de Almeida (PSTU) e Rui Costa Pimenta (PCO) –, e o telejornal passou a divulgar sistematicamente pesquisas da corrida eleitoral para presidente feitas por três institutos: Ibope, Datafolha e Vox Populi.

TABELA 13 – NÚMERO E TEMPO DE MATÉRIAS POR CANDIDATO – 2º PERÍODO

Candidato	Número de matérias	Percentual do total	Tempo das matérias
Ciro Gomes	41	27,7	32m24s
Anthony Garotinho	33	22,3	29m31s
Luiz Inácio Lula da Silva	34	22,97	25m43s
José Serra	34	22,97	28m43s
José Maria de Almeida	3	2,03	2m50s
Rui Costa Pimenta	3	2,03	2m48s
Total de matérias	148		

A pesquisa revela que os quatro principais candidatos tiveram quase a mesma quantidade de VTs. Novamente, Lula e Serra empataram no número de matérias e Garotinho teve apenas uma reportagem a menos. O destaque ficou para Ciro Gomes, que teve uma visibilidade maior, com 27% das matérias de eleições do período. A superior visibilidade de Ciro fez que ele crescesse nas pesquisas, até que, no final do período analisado, levou-o a empatar tecnicamente com Luiz Inácio Lula da Silva, o primeiro colocado.

A tabela 14 exibe o total de matérias e o tempo das sonoras, além do percentual que elas ocupam no número e tempo das matérias.

TABELA 14 – NÚMERO E TEMPO DE SONORAS POR CANDIDATO – 2º PERÍODO

Candidato	Matérias	Sonoras	Percentual do número total nas matérias	Tempo das sonoras	Percentual do tempo total nas matérias
Ciro Gomes	41	25	60,98	7m13s	22,25
Anthony Garotinho	33	19	57,58	6m21s	21,51
Luiz Inácio Lula da Silva	34	19	55,88	8m25s	32,75
José Serra	34	26	76,47	7m16s	25,35
José Maria de Almeida	3	2	66,66	23s	13,52
Rui Costa Pimenta	3	2	66,66	19s	11,31

Na análise do número de sonoras, ficou evidente que Serra – em relação ao segundo candidato mais exposto – teve apenas uma entrevista a mais, com praticamente o mesmo tempo, em uma diferença de três segundos. Relacionando as duas tabelas, percebe-se que o número de matérias de Ciro foi maior, mas ele não teve sua fala privilegiada. Isso prova que as matérias foram *sobre* ele, e não *com* ele.

Os candidatos do PSTU e do PCO tiveram uma visibilidade bem mais baixa: foram três aparições, e só em dois casos cada candidato teve a oportunidade da sonora. Além da pouca exibição, nas sonoras eram escolhidas idéias consideradas radicais e promessas difíceis de ser cumpridas, como o salário mínimo de mais de mil reais. A tabela 15 mostra a valência das matérias e é possível perceber que, se os principais candidatos tiveram uma cobertura equivalente no que diz respeito ao número e ao tempo de matérias e sonoras, o mesmo não é possível dizer em relação às abordagens feitas dos candidatos.

TABELA 15 – VALÊNCIA DAS MATÉRIAS POR CANDIDATO – 2º PERÍODO

Candidato	Valência das matérias/Porcentagem					
	Positiva		Negativa		Neutra	
Ciro Gomes	11	26,83%	22	53,66%	8	19,51%
Anthony Garotinho	7	21,21%	12	36,36%	14	42,42%
Luiz Inácio Lula da Silva	17	50%	7	20,59%	10	29,41%
José Serra	19	55,88%	6	17,65%	9	26,47%
José Maria de Almeida			1	33,33%	2	66,66%
Rui Costa Pimenta			1	33,33%	2	66,66%

Como já se observou, o elevado número de matérias para Ciro Gomes não significou uma valência positiva, muito ao contrário: mais de 50% das matérias sobre Ciro Gomes, do PPS, tiveram valência negativa, e apenas 26,83% tiveram valência positiva. A valência negativa de Lula do primeiro período diminuiu consideravelmente, e tal espaço foi ocupado pelo candidato do PPS. Lula ganhou mais visibilidade e valência positiva em conseqüência da elevação das pesquisas de junho e julho e da entrevista ao vivo, na qual foi considerado o melhor, junto com Ciro, de acordo com pesquisa da própria Rede Globo.

O candidato do PSB, Anthony Garotinho, teve baixa valência positiva – pouco mais de 21% –, mas, em compensação, também não ganharam destaque as valências negativas. A impressão que se tem é de que Garotinho não progredia na campanha. Serra, como aconteceu no primeiro período analisado, foi o que menos teve valência negativa: 17,65% contra 55,88% de positividade. São apresentadas, a seguir, as justificativas para as valências atribuídas.

Em julho e início de agosto, os candidatos já estavam em plena campanha. As entrevistas ao vivo (de 8 a 11/8) eram os destaques do *JN*. Todos os candidatos tiveram o mesmo tempo: dez minutos, mais trinta segundos de tolerância. A entrevista ao vivo de José Serra, por exemplo, durou dez minutos e 32 segundos, ultrapassando também o tempo máximo, mas não teve avaliação positiva. As perguntas feitas a ele demoraram mais tempo se comparadas com as dirigidas a outros candidatos.

No primeiro dia de entrevista, em 8 de julho, com Ciro Gomes, os apresentadores pareciam inseguros, mas preferiram falar da personalidade do candidato a fazer perguntas sobre projetos:

FÁTIMA: Como é que o senhor pretende negociar e, ao mesmo tempo, controlar uma forma que o senhor tem, de temperamento explosivo, ou, como se diz popularmente, a fama de pavio curto?
BONNER: O senhor sente no ambiente político e mesmo no empresariado brasileiro um clima receptivo às negociações com o senhor. O senhor não enxerga essa imagem que é atribuída ao senhor de uma pessoa de temperamento difícil, como disse a Fátima, o senhor não enxerga isso? (8/7/2002)

O tempo ultrapassou o limite e Ciro teve de ser interrompido. A apresentadora Fátima Bernardes fez uma pergunta já com o tempo estourado e William Bonner demonstrou estar apreensivo, tentando cancelar a questão. Fátima foi avisada para não fazer mais perguntas, só que o seu *ponto*[7] não estava funcionando.[8]

Na entrevista com Garotinho, os apresentadores reforçavam, nas perguntas, promessas consideradas demagógicas e discutiram a exibição de denúncias proibida pela Justiça. Não deram chance para o candidato encerrar a entrevista falando de suas propostas e foram interpretativos na oportunidade:

FÁTIMA: O senhor censurou a exibição de algumas gravações feitas de conversas telefônicas suas que seriam usadas provavelmente contra o senhor. Por que a censura?
GAROTINHO: Depois liberei, elas foram liberadas.
BONNER: A Globo pode usar?
GAROTINHO: Eu liberei aquelas que não continham nada de caráter pessoal das pessoas que foram gravadas.

BONNER: Isso vale para a TV Globo também?

GAROTINHO: Isso vale para todos aqueles que mostrarem o conteúdo das gravações. E, se elas não tiverem nada de pessoal, terei o maior prazer de liberar. O que houve é que esse cidadão, que responde a 39 processos, inclusive duas condenações por sonegação fiscal e falsificação de notas frias, gravou conversas íntimas de colaboradores meus, conversando assuntos pessoais.

BONNER: Longe dos nossos interesses utilizar essas partes. Então, está assumindo um compromisso e nós vamos mostrar.

FÁTIMA: Para encerrar, eu gostaria que o senhor dissesse *o que o senhor não pôde fazer no Rio de Janeiro e gostaria de fazer assumindo a Presidência do Brasil.*

GAROTINHO: Eu quero construir um amplo programa de casas populares, usando o dinheiro da caderneta de poupança e do Fundo de Garantia. Nós precisamos ter uma política habitacional firme no nosso país. E quero fazer um amplo programa educacional para os nossos jovens. (9/7/2002)

O candidato José Serra teve um momento difícil no telejornal. Os apresentadores também questionaram sua personalidade, os partidos e falaram de denúncias:

FÁTIMA: O senhor teve dificuldades de sair candidato pelo PSDB, a sua indicação acabou rachando a base do governo com o veto do PFL, o senhor é considerado uma pessoa centralizadora e, por alguns opositores, uma pessoa que não agrega. Como é que o senhor pretende mudar sua imagem em uma função que exige tanto poder de negociação?

BONNER: Por que, neste processo eleitoral, toda vez que surge um dossiê sobre algum candidato, o senhor é apontado pelos seus adversários como suspeito número um? Aconteceu mais de uma vez...

FÁTIMA: Qual a sua relação com o ex-diretor do Banco do Brasil, Ricardo Sérgio, acusado de cobrar propina para ajudar na formação de consórcios durante o período de privatização? O senhor não acha antiético que um ex-tesoureiro, um ex-arrecadador de fundos venha a ocupar no governo uma função num banco estatal, uma função tão importante? Não foi o senhor quem indicou? (10/7/2002)

Lula acabou sendo beneficiado, porque ficou por último no sorteio das duas etapas de entrevistas ao vivo e foi mais simpático. Além disso, os apresentadores, apesar de firmes, permitiram que ele usasse um discurso que o aproximava do povo.

BONNER: Agora, candidato, há entre os brasileiros muitos que conhecem o Brasil na palma da mão, ou porque viajaram ou porque estudaram *in loco* geografia, história, e nem por isso se julgam em condição de disputar a Presidência. Daí a pergunta.
LULA: Acontece, meu caro, que você, lendo ou vendo televisão, você não conhece nada. Você tem que ver, sentir, ouvir o palpitar do coração das pessoas, ver os olhos das pessoas, para poder sentir como é fácil a gente encontrar soluções para os problemas brasileiros. Eu estou nessa vida me preparando há mais de trinta anos, estou convencido de que o PT precisa dessa chance, estou convencido de que o povo brasileiro precisa da experiência do PT, para que a gente possa sair dessa situação de empobrecimento em que está o nosso país.
[...] Eu tenho um sonho de garantir a cada criança brasileira, a cada mulher e a cada homem no mínimo comer três refeições por dia. E, do jeito que está essa política econômica, vai ficar mais fácil as pessoas passarem três dias sem comer. É apenas isso o que eu quero para o Brasil. (11/7/2002)

Depois da primeira série de entrevistas ao vivo do *JN*, o Ibope deu como vencedores Lula e Ciro. Ciro subiu nas pesquisas e superou Serra, que, até então, esteve em segundo lugar. O candidato do PPS apareceu em uma pesquisa como o único capaz de derrubar Lula em um eventual segundo turno. A manchete informou: "Ciro cresce no Ibope", e apresentou a evolução dos números. Lula tinha 39%, caiu para 38%, 34% e depois 33%. Mostrou também que Ciro saiu de 9% para 22%, e Serra foi de 19% para 15%.

O Ibope fez também simulações para o segundo turno. E pela primeira vez um candidato apareceu com mais pontos do que Luiz Inácio Lula da Silva. O candidato do PT ficou tecnicamente empatado com Ciro Gomes, do PPS. Uma simulação entre ambos mostrou Ciro com 44% e Lula com 43% (16/7/2002).

No dia 25 de julho, uma nova pesquisa mostrou que Ciro subiu ainda mais e ultrapassou Lula em um eventual segundo turno. Logo depois, o *JN* intensificou as matérias de denúncias contra o candidato do PPS:

APRESENTADOR: Na pesquisa divulgada hoje, a diferença diminuiu entre Luiz Inácio Lula da Silva, do PT, e Ciro Gomes, do PPS, que subiu 4 pontos. O Ibope fez também simulações de segundo turno. O candidato Ciro Gomes abre 7 pontos de vantagem numa disputa com Luiz Inácio Lula da Silva. (25/7/2002)

Nesta fase, o *JN* passou a divulgar diariamente as agendas dos principais candidatos com praticamente o mesmo tempo para cada um, além de procurar ouvi-los sobre assuntos polêmicos e de destaque. O tempo das matérias e das sonoras foi equânime, porém os enquadramentos ficaram diferentes. No período anterior à entrada do horário eleitoral gratuito, as matérias de eleições normalmente eram espelhadas no quarto bloco do *JN*, logo após as matérias de economia. Uma vez por semana o telejornal apresentava as pesquisas do Ibope, Datafolha e Vox Populi. As pesquisas eram exibidas separadamente, num quadro gravado pelo apresentador Márcio Gomes.

Outro destaque dos telejornais, no período, era a economia. Passada a euforia da Copa do Mundo, os problemas econômicos afloraram. O dólar e o risco Brasil explodiram. O dólar teve a maior alta desde a implantação do Plano Real e o FMI foi convocado para novo empréstimo. Entre outras controvérsias levantadas pela mídia, houve a suposta vinda do presidente do FMI para trazer uma carta de intenções, que deveria ser assinada pelos candidatos e por meio da qual eles deveriam manter o acordo já firmado com o Fundo.

O *Jornal Nacional* salientou o assunto, mesmo se tratando de uma suposição. Na chamada da entrevista de Lula, o repórter foi interpretativo: disse que ele teria usado palavras fortes, chamado a equipe do governo de agiotas e afirmado que não assinaria a carta de intenções:

REPÓRTER: Hoje, em discurso em São Paulo, o candidato do PT Luiz Inácio Lula da Silva usou palavras fortes e chamou de agiotas os integrantes da equipe econômica do governo. Lula disse ainda que não assina carta de intenções com o FMI. (19/7/2002)

Porém, na entrevista, Lula disse:

LULA: Primeiro, o FMI não tem por que me chamar. Não tem. Não dá para fazer política na base da suposição. O FMI tem que sentar com o governo brasileiro que é o governo. Porque, se a moda pega, para que governo, então? (19/7/2002)

Ciro não polemizou. Apenas disse que não assinaria a carta. O *JN*, então, não deu muito destaque; preferiu usar uma fala mais forte de Garotinho que dizia querer ver os termos antes e que a carta poderia "ser o atestado de óbito do Brasil, dependendo do que [o documento] tiver contido". Como todos os candidatos de oposição apenas criticaram e o candidato do governo foi bem ameno e demonstrou segurança, ele teve valência positiva.

SERRA: Eu acho positivo se assinar uma extensão do acordo do Brasil com o Fundo Monetário. Não traz maiores constrangimentos nem restrições à economia brasileira e representa o elemento maior de segurança econômica pro futuro. (19/7/2002)

O presidente Fernando Henrique Cardoso apareceu muito pouco, não teve nenhuma exibição nos momentos de crise. Mas, no período analisado, ele e o candidato do PSDB tiveram visibilidade positiva na matéria da divulgação do relatório da ONU, em 23 de julho, e na manifestação direta e pública de apoio do presidente ao candidato.

APRESENTADOR: José Serra falou sobre a demonstração pública de apoio que recebeu ontem do presidente Fernando Henrique.
JOSÉ SERRA: Ele sempre tem dito que tem muita confiança na minha candidatura e na minha capacidade para exercer a Presidência, e deu esse testemunho ao país. (23/7/2002)

O *Jornal Nacional*, segundo os critérios já apresentados, proporcionou uma valência positiva ao candidato do PSDB quando o exibiu como candidato "sério", mas amistoso. Em um telejornal, Serra deu entrevista dizendo que é quieto porque é tímido. Em outros dois dias, o candidato comparou sua campanha à da seleção de futebol campeã do mundo. Ele ainda apareceu dirigindo trator, dançando na carroceria de caminhões e sempre com a visibilidade positiva e a simpatia da candidata à Vice-Presidência, Rita Camata.

REPÓRTER: No fim da manhã deste sábado, José Serra saiu do hotel para um passeio.
JOSÉ SERRA: Às vezes, o sujeito diz que o Serra é muito quieto. É porque eu tenho um aspecto de timidez na minha personalidade. Só que eu acho que os tímidos também têm vez na vida pública. Você pode ter um tímido presidente da República. (13/7/2002)

REPÓRTER: À tarde, o candidato do PSDB visitou um posto de saúde da periferia de São Paulo. De acordo com Serra, sua campanha vai seguir a tática do futebol.

JOSÉ SERRA: A campanha vai acelerando normalmente, como a Seleção Brasileira. Como a seleção do Felipão, nós vamos manter a estratégia e essa estratégia nos levará ao segundo turno. (22/7/2002)

REPÓRTER: Hoje pela manhã, [Serra] participou de uma caminhada no centro da cidade com a candidata a vice, Rita Camata, e o governador de Pernambuco, Jarbas Vasconcelos. Ao som do frevo, percorreu as ruas do comércio popular e confirmou os compromissos com o Nordeste.
SERRA: Desenvolver o Brasil exige desenvolver o Brasil como um todo. Exige desenvolver a região Nordeste, gerar mais oportunidades de trabalho, mais segurança para todos que vivem no Nordeste. (9/8/2002)

REPÓRTER: O candidato do PSDB, José Serra, foi conhecer a Vila Olímpica da Mangueira, na Zona Norte do Rio. Ele foi recebido com uma apresentação de ginástica rítmica. José Serra sambou ao som da bateria. Ele assistiu ainda a um balé e foi para o gramado... (10/8/2002)

Na exibição de projetos, José Serra prometia "fazer para a sociedade brasileira o que o Plano Real fez para a economia"; apareceu fazendo promessas de apelo popular, como realizar a construção de seis milhões de moradias, acabar com os crimes hediondos e implantar cursinhos populares.

REPÓRTER: José Serra disse que, se eleito, pretende incentivar as exportações, o turismo, a agricultura, a educação e a saúde para criar empregos. O candidato reafirmou que é favorável ao acordo do Brasil com o FMI, mesmo que em duas fases, uma com o atual governo e outra com o presidente que for eleito.
JOSÉ SERRA: Evidentemente, a responsabilidade pela condução do assunto todo é do governo. Não há outro governo. É o atual

governo que está tocando e que teve a idéia de fazer a negociação. Só a idéia já teve resultados, no sentido de que o dólar retrocedeu. Mas precisa retroceder ainda mais; e eu, como candidato, fico acompanhando, e as minhas opiniões são expressas sempre publicamente. (4/8/2002)

JOSÉ SERRA: Nós vamos garantir a pré-escola pra todas as crianças brasileiras, no Brasil inteiro. Segundo, para aqueles jovens que estudam em escolas públicas e têm desvantagem no vestibular da universidade pública, nós vamos proporcionar cursinho pré-vestibular gratuito. (15/7/2002)

REPÓRTER: José Serra disse que, se for eleito, vai priorizar a geração de empregos:
JOSÉ SERRA: Nós vamos multiplicar as oportunidades para os jovens. No ensino médio, no ensino profissionalizante e no emprego, e pra isso nós vamos oferecer incentivo fiscal pra todo o Brasil, para as empresas que contratarem jovens estagiários de segundo grau. Pra dar um destino melhor para toda a nossa juventude. Afastar muitos setores dela do crime, da droga, da marginalidade. (3/8/2002)

No final de julho e começo de agosto, a partir do momento em que a candidatura de Ciro Gomes começou a crescer, o *JN* iniciou a exibição de inúmeras matérias desqualificando o candidato: a aliança do partido com o partido de Collor em Alagoas; denúncias contra o coordenador da campanha, José Carlos Martinez; o apoio de Antonio Carlos Magalhães, ex-inimigo político; além de denúncias contra o candidato a vice, Paulinho da Força Sindical.

Assim, o *Jornal Nacional* contribuiu enfatizando os problemas de Ciro. No texto de abertura das matérias, o apresentador já falava em crise, questionava os rumos da campanha e usava invariavelmente a frase "Ciro criticou". Foram nove matérias em que

Ciro apareceu com a imagem aliada à do ex-presidente Fernando Collor. O próprio editor do *JN* destacava o discurso negativo. A cabeça da matéria começava com a palavra "crise": "Crise no palanque de Ciro Gomes, do PPS. O partido selou aliança em Alagoas com o PRTB de Fernando Collor de Mello". Outras frases e palavras negativas foram destacadas ao longo dos telejornais: "Ciro protestou, irritado".

REPÓRTER: Ciro Gomes disse que não pretende mudar a linha de trabalho por causa das pesquisas, que o apontam em segundo lugar. Falou também sobre as comparações entre ele e o ex-presidente Fernando Collor de Mello.
CIRO GOMES: Isso é forçar a barra. É quem não tem nada para dizer. Eu acho que erra grave quem pensa que o povo é bobo e usa o argumento da desqualificação, da tentativa de lançar suspeitas sem fundamento sobre os adversários. (22/7/2002)

A polêmica em torno da aliança com o partido de Collor ganhou mais elementos. Surgiram denúncias contra José Carlos Martinez e a ligação de todos com o ex-tesoureiro de Collor, Paulo César Farias. O coordenador da campanha já foi do PRN, que elegeu Collor em 1989; além disso, a mídia apontava denúncias de desvio de dinheiro. A pressão fez Martinez sair da coordenação da campanha, o que não evitou as matérias negativas. Em poucos dias vieram outras denúncias, como o empréstimo de dinheiro do ex-tesoureiro de Collor para a compra de uma emissora de TV no Paraná.

REPÓRTER: O coordenador da campanha de Ciro Gomes disse que recebeu o empréstimo de Paulo César Farias no início dos anos 90. O dinheiro, segundo ele, foi usado para montar uma rede de televisão com sede no Paraná.
MARTINEZ: Fiz o empréstimo, declarei no Imposto de Renda, paguei ao Paulo e declarei o pagamento.

REPÓRTER: De quanto que foi esse empréstimo?
MARTINEZ: Não me recordo mais.
REPÓRTER: PC Farias foi tesoureiro da campanha de Fernando Collor à Presidência da República. Depois, ele foi alvo de investigações de uma CPI, que acabou levando ao *impeachment* do presidente. Martinez chefiava, no Paraná, o PRN, que era o partido de Collor. (23/7/2002)

REPÓRTER: O comando da campanha do candidato do PPS, Ciro Gomes, decidiu que o presidente do PTB, deputado José Carlos Martinez, que deve dinheiro à família de Paulo César Farias, fica na coordenação-geral da campanha.

A reunião do candidato do PPS Ciro Gomes com as lideranças dos partidos que apóiam a sua candidatura foi na casa do deputado José Carlos Martinez e a portas fechadas. Na saída, Ciro Gomes abriu o vidro do carro para falar com os jornalistas. Mas, diante da pergunta se o deputado Martinez se afastaria da coordenação da campanha por causa de dívidas que tem com a família de PC Farias, Ciro Gomes foi adiante sem dar resposta. Logo em seguida, saiu o deputado Martinez também em silêncio. (25/7/2002)

REPÓRTER: O deputado José Carlos Martinez, coordenador da campanha de Ciro Gomes, falou hoje sobre o empréstimo que recebeu de Paulo César Farias – o tesoureiro do ex-presidente Fernando Collor. Mas o deputado não deu explicações sobre o pagamento da dívida. (29/7/2002)

APRESENTADOR: Surgem novas acusações contra o presidente do PTB, José Carlos Martinez. Negócios do presidente do PTB, deputado José Carlos Martinez, provocaram um prejuízo de mais de R$ 80 milhões aos cofres públicos. Documentos do processo contra o deputado mostram como ele enriqueceu no governo Collor. (2/8/2002)

No caso da discordância ao apoio de Antonio Carlos Magalhães a Ciro, o *Jornal Nacional* repercutiu usando falas de políticos e destacou as controvérsias entre o presidente do PPS, Roberto Freire, e ACM.

REPÓRTER: Ontem à noite, Ciro Gomes e Antonio Carlos Magalhães se encontraram em São Paulo. Para o ex-senador, as brigas entre os dois antigos inimigos foram circunstanciais. Já o candidato do PPS disse que o apoio de ACM será importante.

CIRO GOMES: Para que esse governo não seja várias promessas de campanha, seja coisas concretas, eu preciso que o governo tenha base no Congresso Nacional, porque nós precisamos de três em cada cinco deputados e senadores. (30/7/2002)

REPÓRTER: Hoje, Ciro Gomes fez a sua primeira visita à Bahia como candidato do PPS. Ex-inimigo de Antonio Carlos Magalhães, com quem já trocou acusações, Ciro foi recebido no aeroporto de Salvador pelo ex-senador e por candidatos do PFL na Bahia. O PDT, que faz parte da coligação da Frente Trabalhista, não participou da recepção. A direção do partido na Bahia não concorda com o apoio do PFL. (2/8/2002)

REPÓRTER: Sobre os desentendimentos entre o presidente do PPS, senador Roberto Freire, e o ex-senador Antonio Carlos Magalhães, Ciro Gomes disse que não vai interferir.

CIRO GOMES: Eu não vou administrar isso, não. Eu estou no meu palanque, todos que me apóiam são bem-vindos. E os que não quiserem ir também não vão. (10/8/2002)

Apareceram, ainda, em cinco telejornais no período, denúncias de irregularidades – contra Paulo Pereira da Silva, vice de Ciro na chapa – na compra de uma fazenda para assentamento e sobre desvio do Fundo de Amparo ao Trabalhador (FAT) pela Força Sindical. Só em um telejornal foram quatro matérias com acusações relacionadas à candidatura de Ciro. A denúncia do FAT foi esclarecida pelo Ministério do Trabalho, apontando um erro no sistema. Mas o *JN* deu apenas uma nota ao vivo sobre o assunto com bem menos ênfase que a denúncia, de mais de um minuto.

REPÓRTER: O candidato a vice na chapa de Ciro Gomes, Paulo Pereira da Silva, fez campanha na porta de fábricas da região de São Paulo. Ele não compareceu hoje para depor numa investigação do Ministério Público, que apura se houve irregularidades na compra de uma fazenda em Piraju, interior do estado. (2/8/2002)

REPÓRTER: Ciro Gomes, candidato do PPS, defendeu hoje o companheiro de chapa, Paulo Pereira da Silva, acusado de irregularidades na administração de recursos do Fundo de Amparo ao Trabalhador.
CIRO GOMES: Meu vice é o Paulinho e não tem força no mundo que derrube o Paulinho. Fique logo sabendo, isso aqui é uma coisa ao Brasil, porque tá todo mundo catando essa especulação, mas Paulinho é limpo e já me deu todas as demonstrações disso. É um homem simples. Não tem patrimônio, não tem sigilo bancário e tá à disposição de investigação de qualquer pessoa. Não tem responsabilidade nenhuma com nenhum tipo de coisa irregular. E faz-se isso como um esforço realmente, não dentro do meu esquema, mas como um esforço de me enquadrar. Estão fazendo um esforço de me domesticar. E eu quero dizer que não estou disposto a vender minha alma para ser presidente do Brasil. (3/8/2002)

O candidato do PSB, Anthony Garotinho, foi exibido em meio a populares divulgando bônus de um real para sua campanha e fazendo promessas apelativas. Os textos do *JN* enfatizaram sua relação com as igrejas evangélicas com um tom de crítica e deboche. A cobertura negativa tornou-se mais forte ainda a partir do momento em que Garotinho, logo no começo de julho, conseguiu, na Justiça, impedir a Globo de divulgar fitas com gravações de denúncias contra ele.

Na entrevista ao vivo, no *Jornal Nacional*, ele concordou em liberar a fita, desde que a ouvisse antes, mas gravou uma fala fazendo insinuações contra os candidatos Serra e Lula, para ser divulgada junto. O *Jornal Nacional* não acatou a exigência e fez um editorial de um minuto e 25 segundos, metade do tempo total dado a todos os outros candidatos, criticando Garotinho.

APRESENTADOR: A TV Globo não está divulgando hoje a reportagem com o conteúdo das fitas que envolvem o candidato do PSB, Anthony Garotinho, com denúncias de pagamento de propina a fiscais da Receita Federal.

Garotinho prometeu, durante sua entrevista ao *Jornal Nacional*, que suspenderia a censura que obteve na Justiça, desde que tivesse acesso aos trechos que seriam exibidos. Alegou que gostaria apenas de se certificar de que não havia nada sobre a vida íntima de seus assessores.

Após certificar-se de que as fitas nada continham a esse respeito, ele gravou depoimento sobre o assunto: em vez de apenas se defender das denúncias, como seria legítimo, ele também atacou os candidatos Luiz Inácio Lula da Silva, do PT, e José Serra, do PSDB, com insinuações sem provas. E exigiu que a sua declaração fosse exibida na íntegra como condição para a divulgação das fitas.

Em nome do bom jornalismo, a TV Globo não veicula insinuações sem provas contra quem quer que seja. Em face disso, o candidato Garotinho manteve a censura às fitas, quebrando a promessa que tinha feito nesta mesma mesa diante de milhões de telespectadores brasileiros. (12/7/2002)

Nessa fase, Garotinho passou a não mais responder às perguntas e só falava o que queria. O *Jornal Nacional* insistia e o enquadrava como uma pessoa antipática e demagoga. Em um telejornal, ele permaneceu quase um minuto falando da sua campanha, quando as perguntas abordavam outros assuntos.

APRESENTADOR: O candidato do PSB, Anthony Garotinho, gravou hoje no Rio programas para o horário eleitoral. Com os jornalistas, Garotinho manteve a estratégia, adotada nos últimos dias. Não importa a pergunta que seja feita. Ele sempre responde o que quer que seja divulgado.

REPÓRTER: A saída dos candidatos da Bahia e de São Paulo, de certa forma, preocupa a sua candidatura?

GAROTINHO: Olha, nós estamos gravando hoje nossos programas de televisão.

REPÓRTER: Quais são as opções que o partido tem no momento para substituir essas candidaturas?

GAROTINHO: Nós vamos mostrar no nosso programa de televisão o drama do desemprego, da fome, da desigualdade.

REPÓRTER: O senhor vai ter participação na escolha desses candidatos ou vai ser uma escolha exclusiva dos diretórios regionais?

GAROTINHO: Bem, os programas, eles vão obedecer mais ou menos a um modelo-padrão.

REPÓRTER: Essas perguntas incomodam o senhor?

GAROTINHO: Eu queria dizer que o programa vai ter em média dois minutos e catorze, dois minutos e quinze.

REPÓRTER: A gente não consegue uma resposta do senhor a uma pergunta da gente.

GAROTINHO: O programa, ele é um programa simples, não vai ter a sofisticação dos demais programas de televisão. (29/7/2007)

Ao longo do período analisado, tanto Lula quanto Ciro Gomes passaram por momentos negativos. Lula tinha contra si o caso da suposta propina na prefeitura petista de Santo André e a divisão do partido em relação ao candidato a vice, José Alencar.

3º PERÍODO: HORÁRIO ELEITORAL
(AGOSTO, SETEMBRO, OUTUBRO)

Em 20 de agosto de 2002, com a entrada do horário eleitoral gratuito, começa o terceiro período analisado, prosseguindo até o final do primeiro turno. É um período marcado por agressões entre os candidatos na televisão e pesquisas diárias. Lula permaneceu em primeiro lugar e Ciro Gomes, que ficou por mais de um mês na segunda posição, começou a cair gradativamente. Foram onze telejornais analisados em agosto, dezenove em setembro e quatro em outubro.

A tabela 16 aponta que os quatro principais candidatos mantiveram a média de uma matéria por telejornal, o que demonstra certo grau de equilíbrio. Ciro Gomes e Lula foram contemplados com 37 matérias cada um, Garotinho e Serra com 38, embora este tenha tido mais visibilidade, com dois minutos e 24 segundos a mais que Garotinho. Os outros dois candidatos, do PCO e do PSTU, considerados nanicos, tiveram mais visibilidade nesse que em outros momentos. No período, eles estiveram em cinco reportagens.

TABELA 16 – NÚMERO E TEMPO DE MATÉRIAS POR CANDIDATO – 3º PERÍODO

Candidato	Número de matérias	Percentual do total	Tempo das matérias
Ciro Gomes	37	22,98	19m59s
Anthony Garotinho	38	23,6	19m33s
Luiz Inácio Lula da Silva	37	22,98	19m6s
José Serra	38	23,6	21m57s
José Maria de Almeida	5	3,11	2m7s
Rui Costa Pimenta	5	3,11	2m10s
Total de matérias	160		

TABELA 17 – NÚMERO E TEMPO DE SONORAS POR CANDIDATO – 3º PERÍODO

Candidato	Matérias	Sonoras	Percentual do número total nas matérias	Tempo das sonoras	Percentual do tempo total nas matérias
Ciro Gomes	37	28	73,68	4m54s	23,18
Anthony Garotinho	38	32	84,21	5m39s	27,88
Luiz Inácio Lula da Silva	37	28	75,68	5m36s	28,12
José Serra	38	29	76,32	5m39s	24,99
José Maria de Almeida	5	4	80	36s	17,39
Rui Costa Pimenta	5	4	80	49s	23,33

Na tabela 17, pode-se perceber que a quantidade de sonoras também foi quase a mesma. Garotinho teve mais falas, embora com o mesmo grau de visibilidade que Serra. O candidato do PSDB, embora com três depoimentos a menos, ficou o mesmo tempo no ar. Ao contrário dos outros períodos, Ciro não apareceu muito, mas teve o mesmo número de matérias e sonoras que Lula, só que com tempo menor. Mas, como visto anteriormente, nem sempre visibilidade é sinônimo de cobertura positiva.

Os resultados das valências são apresentados na tabela 18. Eles demonstram que houve diferenças significativas, mas prevaleceu o cenário construído desde o primeiro período analisado. Ciro não chegou à metade da valência positiva de Serra e ficou com 52% de valência negativa. Lula e Garotinho se mantiveram com mais valências neutras, mas Lula teve um período muito positivo, pois, apesar de receber 62,16% de valência neutra, teve bem menos valência negativa, apenas duas matérias.

Começou no dia 23 de setembro de 2002 a segunda rodada de entrevistas ao vivo, com tempo de dez minutos para cada um e um intervalo. As entrevistas foram feitas em *links*[9], e não no estúdio, como na rodada de junho. Houve um destaque negativo para Ciro, porque já se havia dito logo de início que ele tinha o "pavio curto". Durante o período, o telejornal procurou ouvir os candidatos diariamente sobre o mesmo tema – os mais variados possíveis. Na pergunta sobre Fernandinho Beira-Mar, todos os candidatos tiveram valência positiva, embora Serra tenha sido mais categórico e falado pela segunda vez sobre a necessidade de presídios federais.

TABELA 18 – VALÊNCIA DAS MATÉRIAS POR CANDIDATO – 3º PERÍODO

Candidato	Positiva		Negativa		Neutra	
Ciro Gomes	6	15,79%	20	52,63%	12	31,58%
Anthony Garotinho	10	26,32%	7	18,42%	21	55,26%
Luiz Inácio Lula da Silva	12	32,43%	2	5,41%	23	62,16%
José Serra	15	39,47%	6	15,79%	17	44,74%
José Maria de Almeida	2	40%	1	20%	2	40%
Rui Costa Pimenta	2	40%			3	60%

Ao longo do mês de setembro, foram exibidas várias matérias especiais sobre eleições, com divulgação diária de pesquisas. No período analisado, percebe-se que Lula e Serra foram beneficiados e receberam poucas valências negativas na cobertura. As abordagens eram diferentes daquelas destinadas a outros candidatos. As imagens de Serra e Lula eram de pessoas alegres e sem conflitos, e eles tiveram oportunidade de falar de propostas. Serra apareceu fazendo promessas e Lula discutiu a necessidade e os projetos para a região onde estava, ao contrário de Ciro e Garotinho, provocados com perguntas irônicas. Exibiram Garotinho se irritando ao ser perguntado sobre o calote da dívida externa e mostraram Ciro agredindo uma equipe que o filmava.

REPÓRTER: Serra falou do projeto que pretende melhorar rodovias federais:

JOSÉ SERRA: Primeiro terminar a Rodovia Norte-Sul, que é fundamental para Goiás pra escoar a produção, e para o Brasil. Segundo, terminar a duplicação que vai do Rio de Janeiro, passa por Goiânia e vai até Brasília. (20/8/2002)

APRESENTADOR: Os números divulgados pela atual equipe econômica do governo do Rio foram levantados por uma empresa especializada em consultoria tributária, com sede na Suíça e escritórios em 140 países. A auditoria revelou a situação das contas públicas, nos primeiros meses do ano.

Dois dias antes de deixar o governo para se candidatar à Presidência, Garotinho disse que o caixa do estado tinha mais de 700 milhões de reais. Segundo o que foi apurado pela auditoria, o valor em caixa era bem menor: 28 milhões de reais, em 5 de abril, o último dia de Garotinho no governo. (22/8/2002)

REPÓRTER: Anthony Garotinho se irritou quando o repórter de um jornal perguntou se um novo acordo significaria calote da dívida.

GAROTINHO: Você entendeu bem, mas tem que fazer o papel do seu patrão aqui e perguntar coisa séria. Você está aqui para fazer o papel do seu patrão, que paga o seu salário. Eu já respondi a essa pergunta dez vezes, caloteiro é o governo. (28/8/2002)

REPÓRTER: O candidato do PPS, Ciro Gomes, fez caminhada e comício nesta quinta-feira, no centro de Fortaleza. Durante a visita a uma escola de saúde pública, o candidato se irritou com uma equipe que gravava imagens dele. (22/8/2002)

REPÓRTER: O candidato do PT, Luiz Inácio Lula da Silva, fez comício na noite de quinta-feira em Porto Velho. De Rondônia, foi para Manaus, onde participou de uma carreata até o centro da cidade. Depois, visitou uma empresa do pólo industrial, onde defendeu propostas para a Amazônia.

LULA: Nós queremos um modelo do desenvolvimento na Amazônia que leve em consideração a necessidade de gerar empregos, de gerar riquezas, gerar renda. Mas, ao mesmo tempo, preservar o meio ambiente, que significa melhor qualidade de vida para todos nós. (23/8/2002)

A emissão de opinião pelo *Jornal Nacional* ficou clara ao serem analisados a imagem, os movimentos, os gestos e a ênfase nas palavras dos apresentadores. O estudo não tem essa proposta, mas cabe observar que muitos textos não precisam de acompanhamento da imagem para reunir elementos opinativos. Em muitos telejornais, esse tipo de texto predominou, como no exemplo a seguir. "E, faltando apenas oito dias para a eleição, Ciro Gomes apresentou hoje em São Paulo seu programa de governo." A palavra "apenas" denota que ele quer dizer que: "Só agora, às vésperas da eleição, Ciro apresenta seu plano de governo", o que soa negativamente. Poucos dias antes, Garotinho havia entregado seu "plano" no estúdio do *JN*, durante a entrevista ao vivo; no entanto, o fato passou despercebido.

Outro exemplo: em um mesmo telejornal, o VT mostrou imagens parecidas de Serra e Garotinho – com os dois cumprimentando pessoas na rua. No texto de Serra o repórter dizia que ele cumprimentou comerciantes, enquanto no de Garotinho registrou que o candidato fez "corpo-a-corpo" e distribuiu folhetos. A reflexão que se faz dessas situações é que o telejornal não elabora um texto neutro para os candidatos, mas emite opinião: são dois pesos e duas medidas.

Em setembro, Ciro – que se manteve em segundo lugar a partir de julho – caiu e acabou ultrapassado por Serra e Garotinho, ficando na quarta colocação. A candidata a vice de Serra, Rita Camata, foi destaque nas edições do *JN*. Essa tática de visibilidade gerou valência positiva, já que Serra parecia sisudo e, como ele mesmo disse no *JN*, "tenho cara séria, mas sou um homem de uma cara só e não de duas caras".

Os repórteres comportaram-se de modo tendencioso quando insistiam em perguntar se Garotinho e Ciro não mudariam a estratégia de campanha. O objetivo era reforçar a idéia de crise nas campanhas. As reportagens também enfatizavam o direcionamento da campanha de Garotinho, insinuando que ele só estava fazendo campanha para evangélicos.

REPÓRTER: O candidato do PSB, Anthony Garotinho, fez comício ontem à noite no centro do Rio de Janeiro. Hoje, em Pernambuco, fez caminhadas e comícios em cidades do Grande Recife. [...] *Depois teve encontro com evangélicos*. [Grifos nossos] (1º/10/2002)

REPÓRTER: O candidato do PSB, Anthony Garotinho, participou de um comício ontem à noite na Região Metropolitana do Recife. Hoje fez campanha em Minas Gerais. *Na capital se encontrou com evangélicos*. [Grifos nossos] (2/10/2002)

REPÓRTER: *O candidato do PSB, Anthony Garotinho, se reuniu pela manhã em São Paulo com evangélicos*. Ele falou sobre a expectativa da votação no domingo. [Grifos nossos] (4/10/2002)

O período após a entrada do horário eleitoral foi um momento de muitas controvérsias entre Ciro e Serra, e o *Jornal Nacional* mostrava diariamente as penalidades do TSE como valências negativas dos dois candidatos. Lula procurava ficar alheio a qualquer ataque. Quando o telejornal destacou matéria negativa a Serra e tentou repercuti-la com o candidato do PT, ele não opinou.

Dos telejornais estudados, em apenas dois Serra teve valência negativa explícita. A primeira ocorreu em uma matéria sobre a prisão de pessoas que faziam propaganda irregular e a segunda falou da acusação de ex-sócios de Serra de improbidade administrativa. Foram quase dois minutos de matéria. E Lula foi entrevistado com o objetivo de polemizar.

APRESENTADOR: O procurador da República, Luiz Francisco de Souza, anunciou que vai entrar amanhã com uma ação na Justiça Federal contra seis pessoas, entre elas dois ex-sócios do candidato do PSDB, José Serra, e o ex-diretor do Banco do Brasil, Ricardo Sérgio de Oliveira – que foi também arrecadador da campanha de José Serra para o Senado, em 1994. Luiz Francisco disse que Serra não é réu na ação, mas lançou suspeitas sobre ele, apesar de dizer que não há provas contra o candidato. (16/9/2002)

O candidato José Serra rebateu as declarações do procurador.

JOSÉ SERRA: Isso é apenas um rumor eleitoral para beneficiar o candidato do PT. O Luiz Francisco é militante do PT. Foi, durante quatro anos, filiado de carteirinha. É uma jogada eleitoral. Ele é uma pessoa reconhecidamente parcial no seu trabalho. Eu me admiro que se dê qualquer credibilidade a isso.

REPÓRTER: Em Aracaju, o candidato do PT, Luiz Inácio Lula da Silva, disse que não vai julgar nem o comportamento do procurador nem o do candidato adversário. (16/9/2002)

Um dos momentos mais difíceis para Ciro – que coincidiu com sua queda nas pesquisas – foi quando ele fez uma declaração infeliz, em tom de brincadeira, que repercutiu muito negativamente no Brasil inteiro por intermédio do *JN*. O telejornal usou mais da metade do tempo do VT para Ciro com a fala dele sobre a atriz Patrícia Pillar. "A minha companheira tem um dos papéis mais importantes, que é o de dormir comigo. Dormir comigo é um papel fundamental. Evidentemente, eu estou brincando" (30/8). Além dessa, outras matérias negativas continuaram prevalecendo na agenda de Ciro. Eram matérias que destacavam apenas as críticas, as denúncias e o mau humor do candidato. E, ainda, voltou a ganhar manchete a acusação de compra ilegal de uma fazenda pelo seu candidato a vice.

APRESENTADOR: O candidato a vice-presidente na chapa de Ciro Gomes, Paulo Pereira da Silva, faltou hoje ao segundo depoimento marcado pelo Ministério Público Federal sobre a compra de uma fazenda no interior de São Paulo. Paulinho vai ser intimado novamente e poderá até ser levado por força policial. Em nota, Paulinho disse que não foi notificado, embora a assinatura do advogado dele esteja na intimação. O advogado Antonio Rosella é representante legal de Paulinho, como mostra a procuração apresentada pelo Ministério Público. (2/9/2002)

REPÓRTER: Candidato a vice-presidente da Frente Trabalhista, Paulo Pereira da Silva disse que vai processar a ministra-chefe da Controladoria-Geral da União por causa das acusações de desvio de dinheiro público pela Força Sindical. Paulinho também ofereceu quebra de sigilo fiscal e bancário ao Ministério Público Federal, que investiga a suspeita de superfaturamento na compra de uma fazenda.

Paulo Pereira da Silva entregou cópia da declaração do Imposto de Renda e um documento oferecendo a quebra do sigilo bancário e fiscal. Atitude que, segundo o texto, serviria para apuração de denúncias infundadas. (4/9/2002)

A palavra "crítica" também continuou em evidência na introdução das entrevistas de Ciro. O *JN* a usou três vezes consecutivas: "O candidato voltou a criticar"; "O candidato voltou a criticar o TSE, parte da imprensa e os institutos de pesquisas"; "Pesquisa no Brasil é tudo comprada, há milhões de recursos. É preciso ter firmeza e tranqüilidade pra mostrar que o rumo da mudança segura tá conosco" (Ciro, em 19/09). Até a eleição no primeiro turno, o destaque foi a queda de Ciro Gomes e a possibilidade de uma disputa em segundo turno entre Serra e Lula.

APRESENTADOR: Segundo o jornal paulista, Luiz Inácio Lula da Silva tem 37%, Ciro Gomes tem 20%, José Serra, 19%, e Anthony Garotinho tem 10% das intenções de voto. (31/8/2002)

APRESENTADOR: Pesquisa Vox Populi: Ciro Gomes, do PPS, tinha 27%. Passou para 26%. Caiu para 21%. E agora está com 17%, empatando com José Serra, do PSDB. (2/9/2002)

APRESENTADOR: José Serra, do PSDB, tinha 11%. Subiu para 17%. Manteve o índice e agora subiu para 19%. Ciro Gomes, do PPS, tinha 26%. Caiu para 21%, para 17% e, agora, para 15%. (9/9/2002)

No período, o candidato do PT foi beneficiado com valências neutras, que mostravam apenas a agenda, e valências positivas, que apresentavam projetos.

REPÓRTER: O candidato do PT disse que vai cobrar da equipe do governo uma explicação para a crise econômica. Ele elogiou a polícia do Rio por prender Elias Maluco e apresentou propostas para a segurança.

LULA: Temos que ter um grande investimento para evitar que outros adentrem na criminalidade. Investimento na geração de emprego, em educação, na cultura, no lazer, nos esportes. (20/9/2007)

REPÓRTER: O candidato do PT, Luiz Inácio Lula da Silva, gravou programas eleitorais e, à tarde, na Ordem dos Advogados do Brasil, lançou seu programa de combate à corrupção. Lula defendeu uma reforma do Judiciário. (25/9/2002)

REPÓRTER: O candidato do PT, Luiz Inácio Lula da Silva, passou a manhã no Rio de Janeiro. No saguão do hotel foi cercado por eleitores. Recebeu cumprimentos e pedidos de autógrafos. Depois, acompanhado da mulher, Marisa, seguiu para o aeroporto para voltar a São Paulo. À tarde, no comitê de campanha, ele se reuniu com assessores e falou da expectativa sobre as eleições a menos de quarenta horas da votação.

LULA: Eu quero no dia 6 colher todos os votos possíveis para o PT e para a minha candidatura. E espero que seja 50% dos votos. Se não for, vamos trabalhar com a mesma força, com o mesmo afinco para o dia 27. (4/10/2002)

A análise do final do terceiro período demonstrou que foi um momento de mais tranqüilidade nas coberturas, pois os candidatos se estabilizaram nas pesquisas: Serra fixa-se na segunda colocação e Garotinho ultrapassa Ciro. Além disso, já era evidente a decisão em segundo turno. As matérias se restringiram às agendas e os assuntos polêmicos saíram de pauta.

4º PERÍODO: SEGUNDO TURNO

No segundo turno, os telejornais dedicaram mais tempo às eleições. As matérias tiveram cerca de dois minutos, e as falas se restringiram às opiniões sobre economia. O período teve cotação do dólar em alta, com o mercado induzindo o debate e os dois candidatos ao segundo turno a trocar acusações, mesmo que sutilmente. Lula acusava o governo, e Serra alegava que o "medo" do mercado era em relação à mudança que a oposição propunha. Numa análise quantitativa, mais uma vez se percebe o equilíbrio entre os candidatos, como mostram os resultados das tabelas 19 e 20.

TABELA 19 – NÚMERO E TEMPO DE MATÉRIAS POR CANDIDATO – 4º PERÍODO

Candidato	Número de matérias	Percentual do total	Tempo das matérias
Luiz Inácio Lula da Silva	15	50	19m37s
José Serra	15	50	19m39s
Total de matérias	30		

No número de matérias, no número de sonoras e no tempo das reportagens, o telejornal foi rigorosamente equilibrado. No tempo das falas, Serra teve poucos segundos a mais de visibilidade, cerca de 10%, demonstrando que o telejornal mantinha a postura de cobertura equânime. Se o telejornal quis manter um compromisso de imparcialidade na eleição, pelo menos no critério estudado de valência das matérias ele não conseguiu.

TABELA 20 – NÚMERO E TEMPO DE SONORAS POR CANDIDATO – 4º PERÍODO

Candidato	Matérias	Sonoras	Percentual do número total nas matérias	Tempo das sonoras	Percentual do tempo total nas matérias
Luiz Inácio Lula da Silva	15	12	80	4m54s	23,17%
José Serra	15	12	80	5m39s	27,88%

Verifica-se, na tabela 21, que as matérias dedicadas ao candidato do PT foram de ênfase mais negativa que positiva – mais da metade. Das quinze matérias que deram visibilidade ao candidato, só três apresentaram características positivas. Serra, ao contrário, teve só duas consideradas negativas e dez positivas, ou seja, 66,66%.

TABELA 21 – VALÊNCIA DAS MATÉRIAS POR CANDIDATO – 4º PERÍODO

Candidato	Valência das matérias/Porcentagem					
	Positiva		Negativa		Neutra	
Luiz Inácio Lula da Silva	3	20%	8	53,3%	4	26,6%
José Serra	10	66,66%	2	13,33%	3	20%

Por meio do critério já explicado na metodologia do estudo, pode-se fazer a seguinte análise: o momento era muito difícil para a economia brasileira, mas o discurso de Serra pregava que a mudança poderia ser pior e o mercado se assustava. A visibilidade desse discurso era inserida pelo telejornal, tanto que Serra subiu nas pesquisas. No final da campanha, os três institutos divulgados pela Globo apontavam nas pesquisas a subida de Serra. No Ibope, Lula permanecia igual, mas nos outros ele havia caído. Além disso, o presidente Fernando Henrique Cardoso entrou na campanha para defender a estabilidade, que, para ele, representava a vitória de Serra. A visibilidade do presidente era muito grande no *JN*.

Os problemas econômicos e o debate político começaram a aparecer no fim da primeira semana de campanha do segundo turno. Logo nos primeiros dias, foi veiculada uma longa matéria de economia sobre a crise cambial. A matéria teve valência positiva para Serra, já que, apesar do problema, uma entrevista do presidente Fernando Henrique Cardoso dava total aval a ele.

APRESENTADOR: O presidente Fernando Henrique Cardoso, que participou hoje da inauguração de uma obra rodoviária em São Paulo, atrelou a crise cambial à situação internacional e ao momento eleitoral.

FERNANDO HENRIQUE: Não se sabe quem vai ser o próximo presidente e, sobretudo, que política vai tomar. Então, os tomadores de recursos, que são os que decidem a rolagem dos títulos, têm uma margem para fazer um certo jogo. Eles dizem: "Bom, por que eu vou rolar a dívida hoje se eu não sei se o ano que vem vai ser pago?" Agora, não é uma situação permanente, isso termina, haverá eleição, haverá um vencedor. O vencedor dirá o que vai fazer. Eu espero que, seja quem for o vencedor, tenha sensibilidade e responsabilidade perante o Brasil para dizer as coisas sensatas, que possa mostrar ao mundo que a situação do Brasil é perfeitamente administrável. (11/10/2002)

O ministro da Fazenda Pedro Malan também afirmou que faltava compromisso de estabilidade, dizendo que o PT não tinha esse compromisso.

PEDRO MALAN: Não basta dizer que houve um documento lido há meses e que deveria ser mais do que suficiente. Estamos hoje numa situação em que isso precisa ser dito, repetido de maneira convincente o bastante, não pra mim, mas para aqueles que estão assoberbados por dúvidas olhando a cena brasileira. (11/10/2002)

Nesse dia, o telejornal também destacou Lula, embora com menos tempo, e selecionou a fala positiva quando ele respondeu dizendo que o PT assinou uma carta de compromisso com a sociedade em relação à estabilidade, mas enfatizou que o candidato criticou o presidente quando disse que ele estava fazendo terrorismo.

LULA: O PT, no mês de junho deste ano, apresentou um documento à sociedade brasileira chamado "Carta ao Povo Brasileiro", em que está delineada ali o comportamento do PT com relação à situação econômica. A gente não pode permitir que o dólar continue assustando a sociedade brasileira. O que não pode é o governo ficar brincando de fazer terrorismo com a economia. A economia brasileira é frágil, o Brasil tem potencial, mas não se pode brincar com coisa séria. (11/10/2002)

Outra matéria de economia, no dia 14 de outubro, sobre os juros altos, resultou em valência negativa para Lula, ao dizer que ele fez críticas ao então governo, embora não mostrasse uma entrevista com o candidato. Para Serra, a valência foi positiva quando mostrou a presença de políticos, os apoios, até mesmo do vice-presidente Marco Maciel. E o destaque acabou sendo a sonora em que Serra disse que seu governo não seria surpresa para ninguém.

Em 17 de outubro, o *JN* exibiu críticas de Lula e tentou polemizar, ouvindo o ministro Pedro Malan. Ele disse que as críticas de Lula poderiam aumentar as turbulências da economia. Só a entrevista de Malan demorou 57 segundos, quase o mesmo tempo da entrevista de Lula. O presidente, por meio do porta-voz, também falou de Lula, durante quinze segundos, e destacou que o candidato não tinha competência para opinar.

REPÓRTER: Pela manhã, Lula foi a São Bernardo do Campo, na região do ABC, onde começou como sindicalista. No encontro com amigos e comerciantes, criticou a equipe econômica do governo e a decisão do Banco Central de aumentar a taxa básica de juros.

LULA: Lamentavelmente nós estamos subordinados à especulação deste país. E o governo acaba de dar de presente ao povo brasileiro mais um aumento da taxa de juros, passando de 18% para 21%, fazendo com que haja uma contenção ainda maior da demanda, do consumo do povo brasileiro. A explicação do governo é de que era preciso aumentar os juros para conter a inflação. E é importante que vocês saibam que é um ledo engano do governo. O povo ganha salário irreal e paga a conta da luz, a gasolina e o gás que consome subordinados ao preço do dólar. É ironia uma equipe econômica que subordinou os interesses da oitava economia mundial à especulação e à ganância de meia dúzia de banqueiros.
APRESENTADOR: Em resposta às declarações de Lula, o ministro da Fazenda, Pedro Malan, disse que esse tipo de crítica alimenta as turbulências na economia brasileira.
APRESENTADOR: O presidente Fernando Henrique também respondeu, de forma dura, às críticas do candidato do PT.
ALEXANDRE PAROLA, PORTA-VOZ DA PRESIDÊNCIA. A esse respeito, o presidente sublinha que é muito ruim a atitude de colocar sapato alto antes da hora, sobretudo para falar de assunto sobre o qual não se tem domínio pleno. (17/10/2002)

Outros momentos de valência positiva para Serra foram observados nos apoios recebidos de igrejas. Pelo menos em três telejornais Serra apareceu em encontro com evangélicos. O *JN* também realizou entrevistas ao vivo no segundo turno, e Lula foi beneficiado, por ser o último a dar entrevista e ter dezenove segundos a mais. Na entrevista ao vivo, Serra insinuou que, se o Brasil tivesse Lula como presidente, ficaria como a Venezuela. No dia seguinte, o *JN* repercutiu a declaração de Serra, que acabou tendo valência negativa, pois teve de se explicar.

REPÓRTER: A última visita da campanha ao estado teve jeito de Carnaval, com maracatu, frevo e bonecos gigantes. No começo da noite, os fogos anunciaram o comício com a participação de prefeitos e políticos.

JOSÉ SERRA: Obrigado a todos vocês por esta acolhida, por este entusiasmo, por esta energia. Nós vamos promover neste país a mudança pra melhor. Países vizinhos têm mostrado: às vezes as eleições produzem mudança, mas muitas vezes produzem mudança pra pior. (19/10/2002)

O *JN* voltou a enfatizar o discurso de Serra sobre a mudança de governo, que poderia ser "pra pior", referindo-se à Venezuela. No último telejornal, antes do debate dos candidatos, a valência positiva foi para Serra, uma vez que ele chegou antes e falou durante um minuto no telejornal. Lula não teve visibilidade nesse dia.

Na análise da cobertura dada pelo *Jornal Nacional* na eleição presidencial de 2002, pode-se concluir que o telejornal exerceu um papel fundamental no processo eleitoral ao suscitar debates, exibir matérias pertinentes e levantar problemas. Além disso, o destaque balanceado demonstrou interesse na isenção e em apagar a imagem de parcialidade que o telejornal carregava. Porém, pôde-se perceber que os candidatos não tiveram o mesmo tratamento e os editores destacaram suas preferências, fazendo uma cobertura tendenciosa quando se tratava dos níveis de valência.

A coleta de dados demonstrou que o *Jornal Nacional* começou o ano eleitoral derrubando pré-candidatos e colaborando para as valências negativas do candidato do PT. As aparições de Ciro Gomes, candidato do PPS, cresceram juntamente com as pesquisas, e a Globo passou a se preocupar com o candidato, que ameaçava o segundo turno de José Serra (PSDB). O candidato do PPS recebeu valências negativas durante quase todo o período de cobertura, tendo sido destacado como um homem truculento, de "pavio curto", que fala o que pensa e só sabe criticar, além de estar envolvido com políticos corruptos.

Em toda a análise, confirma-se que as valências para Garotinho (PSB) ficaram entre as negativas e/ou neutras, já que ele era lembrado muitas vezes como demagogo, ficando sem credibilidade. No segundo turno, o candidato Lula ainda teve uma cobertura negativa e chegou a cair nas pesquisas, à medida que Serra subia. No entanto, a campanha no segundo turno teve um período curto e, como não houve nenhuma motivação para mudança, a cobertura manteve-se na agenda dos candidatos, procurando pontuar o mesmo número de falas de Lula e Serra, mas com momentos ruins de Lula e momentos bons de Serra – de forma tênue, sem causar alteração brusca no quadro eleitoral.

∼

Notas

1 Ver relato sobre os acontecimentos em torno da candidatura de Roseana Sarney no capítulo 5, "Campanha de 2002 – enquadramento, visibilidade e valência".
2 Nicolau dos Santos Neto: conhecido como "Lalau", juiz e ex-presidente da Comissão de Obras do Tribunal Regional do Trabalho (TRT) de São Paulo; condenado por irregularidades e desvio de dinheiro da obra do prédio do TRT. Máfia do INSS: nome pelo qual ficou conhecida a quadrilha que desviou milhões de reais do INSS; era comandada pela advogada Georgina de Freitas, condenada em 1992.
3 VT *(videoteipe)*: equipamento eletrônico que grava os sinais de áudio e vídeo gerados por uma câmera, usado também para indicar a fita onde está gravada a matéria. A Globo convencionou também usar a sigla VT para designar uma reportagem com narração e passagem do repórter.
4 *Cabeça da matéria*: o lead (ou lide, aportuguesado). É sempre lida pelo apresentador e dá gancho de matéria (Paternostro, 1999).
5 *Nota coberta*: um dos elementos do telejornal. Texto feito pelo editor e lido pelo apresentador.
6 William Bonner, em entrevista a um grupo de alunos e à autora; Rio de Janeiro, 8 de julho de 2002.
7 *Ponto eletrônico*: receptor auricular com comunicação direta entre o controle-mestre, no estúdio, e a rua ou outro local (Curado, 2002, p. 188).
8 Fato presenciado pela autora na sala de corte do telejornal.
9 *Link* (em inglês) ou enlace (em português): é o equipamento para transmissão de sinais de imagem a distância. No telejornalismo virou um jargão para designar transmissão ao vivo.

6
Campanha de 2006 – enquadramento, visibilidade e valência

Na pesquisa realizada a respeito das eleições de 2006, utilizou-se o mesmo critério apresentado no capítulo anterior. No entanto, a amostragem foi maior no segundo turno em comparação com 2002, em virtude de, nessa campanha, o referido período ter sido mais longo. Do mesmo modo, havia maior número de telejornais. Abaixo seguem as informações acerca da amostragem utilizada:

- 1º período: pré-convenções, de 21 a 28 de abril, 3 a 26 de maio e 1º a 28 de junho, 22 telejornais analisados;
- 2º período: pós-registro de candidaturas, de 3 a 31 de julho e 1º a 17 de agosto, 28 telejornais estudados;
- 3º período: da entrada do horário eleitoral até o final do primeiro turno, de 18 de agosto até 30 de setembro, foram analisados 34 telejornais;
- 4º período: no segundo turno, a análise compreendeu dezessete telejornais.

O estudo buscou telejornais, aleatoriamente, dentro dos períodos pré-selecionados. Procurou-se examinar o mesmo número de telejornais da pesquisa anterior; no entanto, com o período de campanha do segundo turno maior que em 2002, o número de telejornais estudados também aumentou. No 3º período, momento final da campanha do primeiro turno, a investigação foi realizada em quase 90% dos telejornais. Ao todo, foram 470 matérias analisadas em 101 telejornais, dos 163 exibidos, representando 61% dos programas. Observe a tabela 22:

TABELA 22 – TELEJORNAIS E PERCENTUAL DA AMOSTRA

	1º Período	2º Período	3º Período	4º Período	Total
Telejornais exibidos	61	40	38	24	163
Telejornais analisados	22	28	34	17	101
Número de matérias	86	144	185	52	467

CAMPO DE EVIDÊNCIAS

O *JN* apresentou, em 2006, um formato com algumas características diferentes em relação aos outros anos. As reportagens em geral tiveram um tempo maior, e a ênfase dirigiu-se às reportagens de política e economia. O telejornal passou a ser paginado, misturando matérias factuais com *matérias de gaveta*[1] e notícias de impacto com notícias mais leves. Em 2006, o telejornal deixou de exibir o quadro com a charge.

Em relação à cobertura das eleições, procurou expor a agenda diária dos candidatos nas ruas, inclusive dos candidatos de partidos pequenos, conforme revela a análise que será apresentada a seguir. Os candidatos a vice praticamente não foram apresentados, e as companheiras dos candidatos não apareceram como em 2002.

1º PERÍODO: PRÉ-CONVENÇÃO (ABRIL, MAIO, JUNHO)

O primeiro período analisado foi a época em que os partidos discutiram coligações e possíveis nomes de candidatos, definindo esses nomes em convenções. O prazo para a realização das convenções estendeu-se de 10 a 30 de junho, e o último dia para registro de candidaturas foi 5 de julho; portanto, a cobertura eleitoral nos telejornais deu-se em torno de especulações em relação a nomes e coligações.

Nesse período, principalmente nos meses de abril e maio, muitos dos nomes que surgiram como pré-candidatos acabaram não se consolidando. Os possíveis presidenciáveis que mais apareceram no telejornal foram Lula, do PT; Geraldo Alckmin, do PSDB; e Anthony Garotinho, agora no PMDB. Os outros candidatos acabaram tendo visibilidade após as convenções, mas ainda sem aparecer diariamente e com tempos iguais de exposição. O telejornal destacou também, no período, reportagens sobre economia e política governamental, mantendo as matérias de denúncias levantadas desde 2005.

TABELA 23 – NÚMERO E TEMPO DE MATÉRIAS POR CANDIDATO – 1º PERÍODO

Candidato	Número de matérias	Percentual do total	Tempo das matérias
Geraldo Alckmin	14	16,28	16m21s
Cristovam Buarque	4	4,65	8m25s
Anthony Garotinho	11	12,79	15m43s
Heloísa Helena	9	10,47	13m12s
Itamar Franco	2	2,33	1m48s
José Maria Eymael	1	1,16	23s
Luciano Bivar	1	1,16	1m7s
Luiz Inácio Lula da Silva	39	45,35	83m26s
Pedro Simon	2	2,33	3m19s
Roberto Freire	3	3,49	23s
Total de matérias	86		

Como é possível perceber, por meio da tabela, as aparições de Lula são em número muito superior em relação aos outros pré-candidatos, embora isso ocorra em razão de sua presença em ações do governo, e não como pré-candidato. São 39 matérias sobre a pessoa ou governo Lula, quase 50% de todas as matérias relacionadas com eleições ou candidatos no período analisado. Essa é uma variável importante para a análise da eleição, por ter sido a única vez em que houve uma reeleição com uma cobertura tão efetiva da mídia. Em 2002, embora houvesse o candidato do governo, nem sempre foi possível considerar as matérias sobre ações do governo e do então presidente Fernando Henrique Cardoso como matéria de campanha. Nessa eleição, houve a necessidade de analisar o tratamento dado ao candidato à reeleição, mesmo nas ações governamentais, uma vez que não há desincompatibilização do cargo.[2]

Os pré-candidatos Geraldo Alckmin (PSDB), Heloísa Helena (PSOL) e Anthony Garotinho (PMDB) aparecem na seqüência com 16,28%, 10,47% e 12,79%, respectivamente. Alckmin e Heloísa Helena já estavam definidos como candidatos, enquanto Garotinho apareceu em onze matérias, apenas três a menos que o candidato do PSDB, enquanto o PMDB seguia sem definir se teria ou não candidato próprio.

Observou-se também que os dois possíveis candidatos do PMDB, Pedro Simon e Itamar Franco, embora aparecessem em menos matérias que Roberto Freire, do PPS – que acabou não concorrendo –, tiveram mais visibilidade. O pré-candidato do PPS apareceu em três matérias, mas em apenas 23 segundos. O telejornal dedicou 144 minutos de reportagens sobre campanhas, eleições e candidatos no período analisado e em mais da metade do tempo, 83 minutos, exibiu o presidente Lula.

A visibilidade do presidente candidato foi maior que a de todos os outros nesse período. Garotinho ficou em terceiro em número de aparições; no entanto, essa visibilidade não significou vantagem – é o que se pode observar na análise do número de sonoras. Garotinho apareceu ou teve seu nome citado em onze matérias, mas só deu entrevista em quatro oportunidades. O presidente Lula apareceu em 39 matérias, mas falou em menos da metade delas, enquanto Geraldo Alckmin falou em doze das catorze vezes em que apareceu, aproximadamente 85,71%.

O telejornal também deu voz a Heloísa Helena em quase 90% das matérias em que esta teve presença – das nove, em apenas uma ela não teve visibilidade. Pedro Simon, pré-candidato do PMDB, falou nas duas oportunidades citadas pelo *JN* no período, e Cristovam Buarque deu entrevista em todas as reportagens, chegando a ter duas sonoras em uma mesma matéria.

TABELA 24 – NÚMERO E TEMPO DE SONORAS POR CANDIDATO – 1º PERÍODO

Candidato	Matérias	Sonoras	Percentual do número total nas matérias	Tempo das sonoras	Percentual do tempo total nas matérias
Geraldo Alckmin	14	12	85,71	3m26s	21
Cristovam Buarque	4	5	125	1m30s	10
Anthony Garotinho	11	4	36,36	1m	8
Heloísa Helena	9	8	88,89	2m14s	16
Itamar Franco	2	1	50	6s	2
José Maria Eymael	1	1	100	13s	2
Luciano Bivar	1	1	100	11s	2
Luiz Inácio Lula da Silva	39	15	38,46	5m12s	30
Pedro Simon	2	2	100	24s	4
Roberto Freire	3	1	33,33	20s	2

Também se observa que os principais candidatos tiveram o tempo equilibrado, todos com trinta segundos de fala em cada uma. De qualquer forma, percebe-se que o telejornal preferiu deixar as reportagens nas narrações dos repórteres, deixando pouco tempo para as entrevistas. É possível notar que Lula – de 83 minutos de matéria – só falou pouco mais de cinco minutos. Nessa comparação, os outros candidatos tiveram mais oportunidades. O estudo do tempo das entrevistas explica-se pelo enquadramento necessário para a lei eleitoral. Na exibição das matérias de economia, política e governo, nas quais era mostrado e citado o presidente Lula, nem sempre era possível gravar entrevista, para que esta não se caracterizasse como propaganda.

Em relação à valência das matérias (tabela 25), pôde-se perceber que os candidatos com menor visibilidade não tiveram matérias negativas e a valência positiva ocorreu em 50% das matérias, em média, incluindo nessa amostra Heloísa Helena e Cristovam Buarque. Alckmin também teve 50% de matérias positivas; no entanto, foi apresentado em pelo menos duas matérias negativamente.

TABELA 25 – VALÊNCIA DAS MATÉRIAS POR CANDIDATO – 1º PERÍODO

Candidato	Positiva		Negativa		Neutra	
Geraldo Alckmin	7	50%	2	14,29%	5	35,71%
Cristovam Buarque	2	50%	0		2	50%
Anthony Garotinho	0		11	100%	0	
Heloísa Helena	5	55%	0		4	44,94%
Itamar Franco	0		0		2	100%
José Maria Eymael	0		0		1	100%
Luciano Bivar	0		0		1	100%
Luiz Inácio Lula da Silva	14	35,9%	24	61,54%	1	2,56%
Pedro Simon	2	100%	0		0	
Roberto Freire	1	33,33%	0		2	66,67%

A pesquisa demonstrou que o enfoque negativo marcou o pré-candidato Anthony Garotinho. Todas as matérias em que apareceu ou foi citado tiveram conteúdo relacionado a denúncias, ecoando negativamente para a campanha. No dia 24 de abril, quando o PMDB ainda discutia a candidatura própria, o *Jornal Nacional* começou a veicular suspeitas de que as empresas que colaboravam financeiramente na campanha de Garotinho eram falsas. A matéria durou dois minutos e oito segundos. No dia seguinte, outra reportagem com mais dois minutos e uma nota ao vivo com 22 segundos foram ao ar. Começou o efeito cascata e toda a imprensa passou a fazer a mesma cobertura. No *Jornal Nacional*, foram doze dias com matérias de mais de dois minutos sobre denúncias de irregularidades nas doações para a campanha. Houve dias em que as matérias se repetiram e as denúncias se estenderam para a então governadora do Rio de Janeiro, mulher do pré-candidato, Rosinha Matheus.

APRESENTADOR: A Polícia Federal abriu hoje inquérito para investigar as quatro empresas que doaram dinheiro para o PMDB, usado na pré-candidatura de Anthony Garotinho à Presidência. [...] documentos levantam suspeita de ligações entre sócios dessas empresas e o governo do estado do Rio. [...] Ontem, o pré-candidato Anthony Garotinho informou que vai devolver os R$ 650 mil doados pelas quatro empresas. Hoje, o partido divulgou nota dizendo que a devolução será feita por cheque nominal, com recursos obtidos em campanhas de arrecadação entre militantes, filiados e empresas. (26/4/2002)

Na sexta-feira, 28 de abril, uma matéria fez denúncias contra ONGs que supostamente estariam contribuindo para a campanha de Garotinho. O candidato gravou uma entrevista, mas sua fala foi selecionada para que o repórter pudesse completar e enfatizar que o candidato admitiu ter empresas que colaboraram com ele e trabalharam para o governo do Rio.

APRESENTADOR: O Ministério Público do Trabalho está investigando as ONGs que têm, como associados, os donos de empresas que doaram dinheiro para a pré-candidatura de Anthony Garotinho à Presidência.

REPÓRTER: Hoje, no Recife, Anthony Garotinho disse que o PMDB criou uma comissão para arrecadar recursos para a pré-campanha dele e que fez três exigências aos doadores, que, segundo ele, foram cumpridas: pagamento em cheque nominal, depositado em conta específica, para prestação de contas; certidão negativa nas receitas Federal, Estadual e Previdência Social e ainda ao CNPJ.

GAROTINHO: Por exigência minha eu pedi que o nome das empresas e todos os gastos fossem colocados na internet. Ora, alguém que está querendo esconder alguma coisa errada que tenha feito vai mandar colocar na internet? Não há nenhuma irregularidade.

REPÓRTER: Depois admitiu que sócios de empresas que fizeram doações para ele têm relação com o governo do estado, mas disse que nada é ilegal.

GAROTINHO: As firmas têm proprietários que têm outras firmas e que trabalham para o governo, trabalham honestamente. Então tudo isso é perseguição. (28/4/2006)

A série de matérias negativas com Garotinho lembra a campanha em 2002, quando houve o mesmo procedimento com a pré-candidata do PFL, Roseana Sarney, com uma cobertura predominantemente negativa que culminou com sua desistência.

No domingo, 30 de abril, Garotinho iniciou uma greve de fome, por causa das denúncias que ele considerava como uma campanha negativa da Rede Globo e da revista *Veja*. A greve de fome durou de 30 de abril até 11 de maio. Mesmo nesse período, as matérias negativas continuaram e a greve de fome foi tratada com deboche pelo *JN*. No dia 1º de maio, o telejornal acentuou as críticas a Garotinho. A matéria teve cerca de três minutos.

REPÓRTER: O pré-candidato fez exigências para suspender a greve de fome, pediu uma supervisão internacional no processo político eleitoral brasileiro. Quer que os veículos de comunicação cedam a ele o mesmo espaço que têm dado às denúncias. [...] Em nota, a emissora lembrou que as denúncias sobre a pré-candidatura de Anthony Garotinho foram publicadas por diferentes veículos de comunicação, pertencentes a empresas diferentes, que competem entre si pela preferência do público. E que o fato de que veículos tão diversos estejam revelando denúncias que se complementam é apenas mais uma demonstração de que num país livre a verdade sempre aparece.

APRESENTADOR: A nota ressaltou que nas reportagens Anthony Garotinho foi sempre ouvido: ele negou irregularidades, prometeu devolver o dinheiro das doações mencionadas pela imprensa, mas não apresentou documentos que desmentissem as denúncias. O espaço para que ele apresente tais documentos continuará aberto. Por fim, a nota afirmou que homens públicos já deveriam estar acostumados a serenamente prestar contas à população, mas que o anúncio da greve de fome e o pedido de supervisão internacional do processo eleitoral, num país como o nosso, com uma Justiça Eleitoral operante e elogiada por todos os partidos, parecem indicar que este não é o caso de Anthony Garotinho. O pré-candidato deve se conscientizar que mais efetivo do que polemizar com a imprensa ou atacá-la é explicar-se ao povo brasileiro, de modo convincente. (1/5/2006)

O texto da nota do *Jornal Nacional* era uma justificativa para as matérias que atingiam o candidato. Segundo o editor, Garotinho era sempre ouvido; no entanto, o estudo mostra que, se ele foi ouvido, as entrevistas não foram exibidas (conforme demonstra a tabela 24). O que chama a atenção é que em 2002, quando candidato à Presidência pelo PSB, Garotinho também tomou uma atitude de protesto contra a Globo, por causa, segundo ele, do tratamento inferiorizado dado à candidatura.

Na época, o candidato não respondia às perguntas dos repórteres da emissora.

A análise evidenciou que, em relação aos outros candidatos e mesmo pré-candidatos do PMDB e do PPS, as cabeças das matérias e as reportagens traziam outros enfoques, mostrando a campanha, depoimentos sobre economia e políticas do governo, além de críticas ao presidente Lula, enquanto com Garotinho ficava clara a campanha para que a candidatura não se efetivasse. Quanto à cobertura do candidato Luiz Inácio Lula da Silva, é perceptível uma atuação ruim no que diz respeito à agenda do seu governo. Como praticamente não houve matéria sobre a campanha à reeleição, subentende-se, nas matérias de governo, que a própria candidatura estava sendo avaliada.

O estudo das valências comprovou que, das 39 matérias em que o candidato apareceu, em 24 houve abordagens negativas, dez a mais que as positivas. A pesquisa exibiu o *JN* também destacando o momento de crise entre Brasil e Bolívia em relação à Petrobras e à comercialização de gás. Foi um período em que afloraram as denúncias de licitações irregulares em compra de ambulâncias, chamada pela Polícia Federal de "Operação Sanguessuga"[3] – e mais tarde, pela imprensa, de Máfia dos Sanguessugas –, e o depoimento do ex-secretário-geral do PT, Silvio Pereira, nas CPIs que investigavam a compra de votos no Congresso, o Mensalão. Constantemente, o *JN* enfatizava a repercussão do assunto ouvindo membros de partidos de oposição.

O *JN* divulgou diariamente essas matérias, que, de certa forma, contribuíam para desqualificar o governo, mas também apregoavam qualidades em relação ao crescimento do PIB, sucesso dos projetos sociais e redução do trabalho infantil. Entretanto, diante de cada matéria de cunho otimista, um analista fechava a reportagem com ressalvas. Houve também a discussão em torno da análise, pela OAB, de um possível *impeachment* de Lula.

Nos telejornais do final de abril e começo de maio, a negatividade para com o governo Lula ficou por conta da confusão criada por ele ao polemizar com o presidente da Petrobras, que se recusou a novas negociações com a Bolívia na comercialização de gás e nacionalização da produção. No dia 4 de maio, o *JN* repetiu a entrevista do presidente da Petrobras do dia anterior e apresentou um trecho de Lula em contradição.

REPÓRTER: Ontem, o presidente da empresa, Sergio Gabrielli, tinha declarado que os novos investimentos estavam suspensos.
SERGIO GABRIELLI: Estamos cancelando nossa proposta de expansão de quinze milhões de metros cúbicos de gás vindos da Bolívia.
REPÓRTER: Hoje, o presidente Lula mudou o tom:
LULA: É uma decisão de uma empresa que tem autonomia para investir e que vai continuar investindo no estrangeiro, inclusive na Bolívia. [...] E o Brasil pretende, além do gás, estabelecer extraordinários acordos com a Bolívia e com os outros países da América do Sul. (4/5/2006)

A cabeça da matéria foi contundente, e o apresentador mudou de câmera para dar mais ênfase. A emissora polemizou, fazendo perguntas sobre a atitude do presidente Lula a políticos e diplomatas.

REPÓRTER: Os presidentes Lula e Evo Morales discutiram hoje o impasse criado com a nacionalização da indústria do petróleo e do gás na Bolívia. Hugo Chávez, da Venezuela, e Néstor Kirchner, da Argentina, também participaram. Morales, que tinha acusado a Petrobras de chantagem por suspender novos investimentos, mudou o tom. Disse que quer negociar o aumento de preços. E a ameaça do presidente da Petrobras acabou esvaziada pelo próprio presidente Lula. (4/5/2006)

A pesquisa mostrou, por meio da tabela 25, que na maioria das matérias não há um retorno com entrevista do presidente nem resposta do próprio governo, representado por ministros, por exemplo, ficando apenas uma versão dos fatos, como na mostra a seguir. Em outras ainda o presidente é ouvido, mas a última resposta fica por conta da oposição ao governo.

REPÓRTER: Foi o presidente Lula quem primeiro deu um tom político. Logo na chegada ao Supremo disse que, graças ao seu governo, os trabalhadores terão o melhor 1º de Maio dos últimos vinte anos.
LULA: O salário mínimo foi acima da inflação, e bem acima da inflação. E os aposentados receberam aumento real de salário que há muito tempo não recebiam, então parece que vai ser um 1º de Maio bom.
REPÓRTER: A oposição, que também chegava para a posse [de Ellen Gracie na presidência do STF], reagiu.
TASSO JEREISSATI: O presidente Lula está convencido que inventou o Brasil, a história do Brasil. Eu acho que o que ele inventou mesmo foi o Mensalão. (27/4/2006)

REPÓRTER: No Brasil, 12,4 mil escolas públicas não têm banheiro, segundo o Ministério da Educação, e 26 mil não têm energia. O governo investe em educação 4% do PIB, o total das riquezas do país, e diz que o percentual é o mesmo de países ricos, como a Alemanha. Mas preste atenção: o PIB da Alemanha é mais alto e o país tem menos alunos que o Brasil. O ministro da Educação [Fernando Haddad] reconhece o problema e acha que não basta apenas liberar mais dinheiro.
FERNANDO HADDAD: Eu penso que a combinação virtuosa é financiamento adequado, formação de professor e famílias comprometidas com o desempenho da criança na escola.
REPÓRTER: Para um especialista em educação, é hora de os pais exigirem mais do que a matrícula dos filhos.
CLAUDIO DE MOURA CASTRO: A sociedade brasileira tem que entender que a situação é muito pior que parece e há um problema sério na qualidade e que ela não pode se conformar com a qualidade que está sendo oferecida atualmente nas escolas. (28/4/2006)

No dia 8 de maio, cinco matérias do telejornal fizeram críticas ao governo – três só em torno da convocação para o depoimento de Silvio Pereira. O telejornal destacou também uma entrevista do ex-secretário do PT ao jornal *O Globo*. Pela forma como são usadas as palavras pelos editores e apresentadores, é possível considerar o candidato do PT como mandante do crime do Mensalão. Em nenhuma das oportunidades houve gravação de fala de Lula.

APRESENTADOR: O ex-secretário-geral do PT, Silvio Pereira, foi intimado hoje pela Polícia Federal para prestar depoimento na CPI dos Bingos na quarta-feira.
REPÓRTER: A intimação foi feita por fax, no fim da tarde. [...] Nesse domingo, em entrevista à repórter Soraya Aggege, de *O Globo*, Silvio Pereira revelou que Marcos Valério tinha planos para faturar R$ 1 bilhão em negócios com os bancos Econômico, Mercantil de Pernambuco e Opportunity, que acabaram não dando certo. [...] Silvio Pereira negou que procurasse empresários para arrecadar fundos para campanhas eleitorais e disse que quem mandava no partido eram Lula, José Genoíno, Aloizio Mercadante e José Dirceu. Para a oposição, a entrevista de Silvio Pereira traz fatos novos, como a revelação de que Marcos Valério pretendia arrecadar R$ 1 bilhão. [...]
JORGE BORNHAUSEN: É um fato muito grave, um indício fortíssimo de crime de responsabilidade.
ALVARO DIAS: É grave porque é a primeira vez que alguém do governo e do PT confessa a existência desse esquema de corrupção. (8/5/2006)

O telejornal repercutiu a entrevista de Silvio Pereira também com os candidatos à Presidência, orientando os repórteres a fazer perguntas oportunas:

REPÓRTER: Os candidatos à Presidência afirmaram hoje que as declarações de Silvio Pereira reacenderam a crise causada pelo escândalo do Mensalão. Eles cobraram explicações do governo; a candidata do PSOL, Heloísa Helena, disse que os petistas deveriam apoiar novas investigações.

HELOÍSA HELENA: Ao invés de dizer não li ou não sei do que se trata ou agredir o "Silvinho", eles tinham de convocá-lo, na Comissão Parlamentar de Inquérito, para que ele pudesse provar o que estava dizendo e se explicar através de um depoimento formal das acusações gravíssimas que estavam fazendo.

REPÓRTER: Em Belo Horizonte, o candidato do PPS, Roberto Freire, afirmou que a entrevista de Silvio Pereira reforça a tese de que por trás do Valerioduto havia um projeto de poder.

ROBERTO FREIRE: Ele apenas reafirma que tinha realmente uma quadrilha de criminosos assaltando e que tentava se perpetuar no poder.

REPÓRTER: Em São Paulo, o candidato do PSDB, Geraldo Alckmin, disse que o presidente Lula tem que se manifestar publicamente sobre o assunto.

GERALDO ALCKMIN: Tudo isso se fez numa mistura indevida entre partido e governo, que são coisas que devem ser separadas. O presidente tem o dever de prestar contas à sociedade. (8/5/2002)

O estudo confirmou que, no final de maio, o *JN* mudou a "paginação" e amenizou o discurso político. Começava com as matérias da Copa do Mundo, deixando a política em segundo plano. Os destaques políticos e de campanha desse período foram as alianças. O telejornal destacou que PSDB e PT seriam os "dois principais partidos" para as eleições de 2006, já lançando uma possível vitória de um dos dois. Alckmin confirmou sua candidatura.

Em comparação com o mesmo período analisado em 2002, é possível perceber que, na eleição anterior, falava-se na crise da Argentina, na crise econômica brasileira e no risco país. O Brasil poderia se tornar uma Argentina, caso não se mantivesse o projeto econômico do governo anterior. Em 2006, falou-se da crise de relacionamento do Brasil com a Bolívia, da falta de punição de parlamentares, de corrupção e, ao contrário, destacou-se o governo como incentivador da "crise política".

Na campanha de 2002, a proliferação da dengue em 2001 e 2002 representou o "mal" que afetou a candidatura do partido do governo, enquanto no início de 2006 a proliferação da "aftosa" tornou-se a inimiga da campanha de Lula, principalmente entre os agricultores. Entre as matérias que deram 50% de visibilidade positiva a Geraldo Alckmin estão as que destacaram projetos da campanha e a pesquisa divulgada no telejornal de 30/6, que começou "na cabeça" dando vantagem ao candidato:

APRESENTADOR: O Datafolha divulgou mais uma pesquisa sobre as eleições presidenciais deste ano. O candidato do PSDB, Geraldo Alckmin, subiu 7 pontos percentuais em relação à pesquisa divulgada no mês passado e caiu a diferença entre ele e o presidente Lula.

A chamada destacou uma informação que causava expectativas e movimentava a campanha de Alckmin. Só no conteúdo da nota coberta é que o apresentador explica:

APRESENTADOR: O Datafolha esclareceu que não é possível fazer comparação entre as duas pesquisas porque houve mudança na lista de candidatos apresentada aos eleitores. (30/6/2006)

Mesmo fazendo esse alerta, a própria "nota" faz a comparação.

APRESENTADOR: A diferença entre Lula e Alckmin, que era de 23 pontos percentuais em maio, caiu para 17 pontos percentuais. (30/6/2006)

2º PERÍODO: PÓS-CONVENÇÃO (JULHO, AGOSTO)

O segundo período refere-se à ocasião em que os candidatos tiveram suas indicações confirmadas e os registros encaminhados ao TSE. As eleições de 2006, particularmente, ainda eram um momento conturbado para os candidatos Ana Maria Rangel e Rui Costa Pimenta, que estavam com as candidaturas impugnadas e lutavam na Justiça pela possibilidade de disputa. Com o número de candidatos maior que em 2002 e candidaturas isoladas de partidos pequenos, o *JN* acabou por fazer um acordo, já citado no capítulo anterior, comprometendo-se a dar espaço aos candidatos nanicos. Portanto, começava a época de acompanhamento diário das agendas. Sete candidatos estavam autorizados, até então, a fazer campanha e puderam ser contemplados.

O momento analisado antecede o início do horário eleitoral no rádio e na televisão e mostrou o espaço dado pelo telejornal nas entrevistas ao vivo, que em 2006 foram exibidas no começo de agosto, quase um mês depois, em comparação a 2002. Dessa vez os candidatos não foram sabatinados duas vezes, como ocorreu na eleição presidencial anterior. A divulgação de pesquisas passou a ser semanal e tiveram início as matérias sobre o dia dos candidatos. Entre os assuntos de política, o destaque foi a CPI da das Ambulâncias.

Cristovam Buarque – que até então não aparecia, já que pouco se cogitava sobre sua candidatura – teve a disputa confirmada e apareceu com tratamento igual ao dos outros principais candidatos, uma vez que o seu partido, o PDT, tem boa representatividade no Congresso.

A pesquisa do segundo período incluiu igualmente as reportagens especiais veiculadas no programa da Caravana *JN* e observou que o projeto em muitas oportunidades destacou mais a própria cobertura do que os problemas brasileiros. Fez uma espécie de "espetáculo", enfatizando matérias de bastidores e repercutindo com candidatos as matérias levantadas pela produção. No primeiro dia da Caravana (31/8), o telejornal mostrou centenas de pessoas que acompanharam a apresentação de William Bonner em São Miguel das Missões. O programa foi um misto de telejornal e variedades.

Desde esse dia até o final da eleição, no primeiro turno, as matérias especiais Desejos do Brasil, com Pedro Bial, direto da Caravana *JN*, foram levadas ao ar diariamente. A cada quinze dias, os apresentadores saíam do estúdio para acompanhar a Caravana. Nos momentos das apresentações externas, o noticiário se assemelhava a um programa de entretenimento, utilizando um linguajar informal e interatividade com o público presente nos locais de exibição do noticiário.

> Criavam um espetáculo, ou seja, mais importante que a matéria era a presença do *JN*. Era uma tentativa de aproximar o *JN* da população. Assim, o meio acaba sendo mais importante do que a notícia, privilegiando o espetáculo – era a autopromoção da Globo... "Olha como nós somos presentes no Brasil." Isso me parece uma escolha de privilegiar o *show*.[4]

A Caravana *JN* mostrou, em cada dia, alguns dos problemas vividos pela população. Algumas matérias foram negativas para o presidente, que tentava se reeleger. Foram veiculadas matérias sobre a dificuldade de assistência à saúde e os desafios para levar água potável e rede de esgoto às regiões Norte e Nordeste. Os problemas, apesar de serem antigos, representavam a face negativa do governo.

A pesquisa do segundo período confirmou a predominância no noticiário de um equilíbrio no tratamento dos candidatos no que diz respeito ao número de matérias. A tabela 26 revela que os principais candidatos tiveram uma diferença de duas ou três reportagens apenas.

O resultado demonstra que Lula e Alckmin foram os mais beneficiados quantitativamente. Eles ficaram com trinta matérias cada um, quase 60% do tempo dedicado às campanhas. Heloísa Helena não ficou muito atrás, com 28, e Cristovam Buarque teve 26. No entanto, números iguais não significaram tempos iguais. Com a responsabilidade de dar o mesmo espaço a todos, o *Jornal Nacional* tentou observar também os tempos, mas a diferença já havia aumentado. De Lula para Alckmin, a diferença foi de 7 minutos, de 5 entre Alckmin e Heloísa Helena e de 10 minutos entre ela e Cristovam Buarque.

TABELA 26 – NÚMERO E TEMPO DE MATÉRIAS POR CANDIDATO – 2º PERÍODO

Candidato	Número de matérias	Percentual do total	Tempo das matérias
Geraldo Alckmin	30	20,83	35m40s
Cristovam Buarque	26	18,06	20m27s
Heloísa Helena	28	19,44	30m48s
José Maria Eymael	13	9,03	12m06s
Luciano Bivar	12	8,33	8m57s
Luiz Inácio Lula da Silva	30	20,83	42m05s
Rui Costa Pimenta	5	3,47	5m25s
Total de matérias	144		

É uma diferença acentuada a favor de Lula, se considerarmos que ele teve 12 minutos a mais que o terceiro candidato, com uma média de 1 minuto e 30 segundos para cada telejornal analisado. Em compensação, a visibilidade em torno do candidato do PT pode ter sido bem inferior, já que ele teve o mesmo número de reportagens que Alckmin, mas com menos da metade de depoimentos, conforme mostra a tabela 27, que quantifica as sonoras.

Alckmin, Heloísa Helena e Cristovam Buarque tiveram praticamente o mesmo número de entrevistas. Os dados demonstram, por exemplo, que Buarque só não deu entrevista em uma reportagem e Heloísa Helena e Alckmin foram ouvidos aproximadamente em 86% das matérias. Mas o que chamou a atenção foi o número reduzido de sonoras para Lula, em relação ao número de matérias. Das trinta matérias, ele só deu entrevista em onze, com menos de três minutos de espaço, enquanto os outros candidatos tiveram o dobro do tempo nas sonoras. Embora tenha tido elevada exibição nas reportagens, o presidente não deu entrevista na maioria das vezes. Lula teve apenas um minuto a mais que os candidatos de partidos pequenos como Luciano Bivar e José Maria Eymael. A diferença pode ser explicada pela abordagem das matérias em torno do governo e não da candidatura Lula.

TABELA 27 – NÚMERO E TEMPO DE SONORAS POR CANDIDATO – 2º PERÍODO

Candidato	Matérias	Sonoras	Percentual do número total nas matérias	Tempo das sonoras	Percentual do tempo total nas matérias
Geraldo Alckmin	30	26	86,67	6m23s	17,9
Cristovam Buarque	26	25	96,15	6m03s	29,58
Heloísa Helena	28	24	85,71	5m56s	19,26
José Maria Eymael	13	7	53,85	1m53s	15,56
Luciano Bivar	12	6	50	1m30s	16,76
Luiz Inácio Lula da Silva	30	11	36,67	2m47s	6,61
Rui Costa Pimenta	5	2	40	27s	8,31

No estudo das valências, observa-se que o candidato do PT obteve um equilíbrio, mas ainda com predominância de reportagens negativas. Alckmin esteve em situação inversa, com 63% de matérias positivas (dezenove de trinta) e 20% de negativas. Situação mais confortável foi a de Heloísa Helena, que, no período, teve bem menos matérias negativas que Buarque e Alckmin. A José Maria Eymael, do PSDC, couberam ao todo treze matérias, e nenhuma delas negativa.

A tabela 28 demonstra também que os candidatos de partidos menores, se não tiveram tanta visibilidade positiva, também não tiveram negativa, e o destaque foi sua própria exibição, mesmo em uma abordagem neutra. A exceção ficou por conta de Rui Costa Pimenta, que teve a candidatura impugnada no meio do período e, portanto, com poucas aparições, de caráter negativo.

TABELA 28 – VALÊNCIA DAS MATÉRIAS POR CANDIDATO – 2º PERÍODO

Candidato	Valência das matérias/Porcentagem					
	Positiva		Negativa		Neutra	
Geraldo Alckmin	19	63,33%	6	20%	5	16,67%
Cristovam Buarque	8	30,77%	10	38,46%	8	30,77%
Heloísa Helena	17	60,71%	5	17,86%	6	21,43%
José Maria Eymael	5	38,46%	0		8	61,54%
Luciano Bivar	2	16,67%	1	8,33%	9	75%
Luiz Inácio Lula da Silva	14	46,67%	12	40%	4	13,33%
Rui Costa Pimenta	0		3	60%	2	40%

O que chamou a atenção na análise do período é que os quatro principais candidatos tiveram enquadramentos diferentes no *Jornal Nacional*. O candidato à reeleição, embora com o mesmo número de aparições que o candidato do PSDB, arcou com o dobro de valências negativas. A candidata Heloísa Helena viveu um momento privilegiado, com aparições e sonoras que elevaram sua positividade em quase 70% das matérias, e o candidato Cristovam Buarque teve um momento de equilíbrio entre as matérias positivas e neutras.

Na linguagem, seleção, edição de imagens e de falas desses 28 telejornais é possível perceber a cobertura com enquadramentos diferentes que levam a uma percepção também díspar por parte do público eleitor. Nos exemplos que se seguem, é possível confirmar o estudo que quantificou as valências negativas e positivas. Cristovam Buarque, por exemplo, aparecia constantemente em Brasília, e falando sobre educação. Havia uma predisposição em questioná-lo sobre o assunto, insinuando repetição e desinteresse: "Antes de deixar a região, Cristovam Buarque disse *mais uma vez* [grifo nosso] como pretende federalizar a educação".

A forma como os repórteres e apresentadores enfatizavam os depoimentos de Cristovam Buarque soava negativamente. É como se os editores utilizassem dois pesos e duas medidas, usando as mesmas imagens de cunho popular dele e de Heloísa Helena, mas com desdém para ele. No dia 5 de agosto, ambos tiveram as mesmas atitudes, porém foram usados termos na narração da agenda do candidato em um tom que deixava transparecer que suas atitudes eram banais e demagogas.

REPÓRTER: Cristovam Buarque, do PDT, fez campanha nas ruas do comércio popular de Paulista, cidade de 260 mil habitantes, na Região Metropolitana do Recife. Cercado por militantes, o candidato cumprimentou eleitores, carregou crianças, distribuiu folhetos, foi saudado por uma *drag queen* e tomou caldinho de feijão.

REPÓRTER: Heloísa Helena continuou o dia de campanha com uma visita a Delmiro Gouveia, cidade de 43 mil habitantes, também no sertão de Alagoas. Ela aproveitou para percorrer o mercado público. Num clube da cidade, ela ganhou um cocar e participou do Toré, uma dança festiva. (5/8/2006)

Os dados da pesquisa mostraram que a valência negativa para Buarque se dava no uso de frases questionadoras em relação às propostas do candidato. Eram frases como: "[...] só não explicou de onde viriam as verbas".

REPÓRTER: Cristovam disse que os recursos para que as Forças Armadas invistam na formação de jovens seriam do orçamento.

Mas não especificou de que área sairia o dinheiro nem detalhou como ele seria aplicado. [...] O candidato quer também aumentar em R$ 7 bilhões o orçamento da educação. Só não soube explicar como conseguiria o dinheiro. (21/7/2002)

Novamente dois pesos e duas medidas: se Alckmin ou Lula falavam em propostas ou promessas, a reportagem não exigia satisfação, como no caso de Buarque. O candidato do PSDB, no segundo período analisado, alterou sua estratégia de campanha procurando as aparições em meio ao povo na rua. O telejornal mostrou essa fase de Alckmin e o exibiu comendo sanduíche, tomando café com leite na rua, tomando chuva, andando no meio de populares, cumprimentando eleitores no mercado municipal e andando de caminhão.

Nos textos, os repórteres não deixavam de expor imagens do cotidiano, mas enfatizavam também as propostas do candidato.

REPÓRTER: Depois do corpo-a-corpo, subiu num caminhão e defendeu projetos de desenvolvimento. (5/8/2006)

Alckmin foi mostrado falando de projetos e fazendo promessas: água para o Nordeste, um projeto de distribuição de remédio gratuito a todos os usuários do SUS.

Os dados que demonstram 63% de valência positiva para Alckmin têm base também nos textos de cobertura da agenda. Observou-se a diferença no tratamento do discurso. Os textos usaram termos como: "Planos de Geraldo Alckmin", "Vai investir no transporte coletivo": "Alckmin disse que, se eleito, quer reduzir juros e dar incentivos aos produtores rurais e aos assentamentos".

A pesquisa demonstrou também que outras palavras usadas para caracterizar as promessas do candidato do PSDB receberam ênfase positiva: incentivos, vai investir, vai combater a informalidade, falou do combate ao crime organizado, orçamento total para a segurança, planos para a política externa, reforma tributária: "Nós vamos melhorar a saúde, nós vamos melhorar a renda, nós vamos recuperar... educação e criação de empregos e reforma política, e é menos Brasília e mais Brasil" – foram algumas das frases exibidas pelo *JN*.

A coleta de dados privilegiou as sonoras, como já explicado na metodologia e utilizado na mostra de 2002, porque é um momento forte do candidato. É onde ele se expõe, inserindo uma fala que pode ter um peso importante na sua campanha. Além disso, as sonoras exibem a credibilidade do entrevistado. No entanto, também podem ser passíveis de manipulação por meio do "corte" da edição e ter interpretação positiva ou negativa.

No segundo período, as valências positivas de Geraldo Alckmin também se devem ao discurso bem colocado das sonoras. Abaixo, algumas das sonoras de Alckmin selecionadas pelos editores que foram exibidas:

[...] comigo presidente, não vai ter moleza pra bandido, não. Nós vamos ser muito duros no enfrentamento com o crime organizado. (8/8/2006)

[...] com a irrigação nós vamos melhorar a renda do produtor rural, do pequeno agricultor. E vamos também com irrigação aumentar postos de trabalho. Cada dois hectares irrigados vamos ter dois, três empregos a mais na região. (5/8/2006)

[...] Nós vamos recuperar a capacidade de investimento do governo, órgãos de financiamento, políticas sociais e de inovação tecnológica e infra-estrutura para a região. O Brasil vai crescer e o Nordeste vai crescer mais. (4/8/2006)

[...] É preciso garantir o remédio de graça para todos os pacientes do SUS, e nós podemos fazê-lo com economia sem gastar absurdo de dinheiro através dos genéricos e utilizando a ociosidade hoje do parque fabril. (3/8/2006)

A pesquisa indicou, também, que a candidata Heloísa Helena teve a menor contagem de valências negativas, apesar de ainda estar em desvantagem em relação a Alckmin, mostrado com mais visibilidade, com um número superior de reportagens. No início da campanha de rua, no começo de julho, a candidata viveu um momento muito positivo no *Jornal Nacional*, com um enquadramento exibindo imagens simpáticas, contato direto com o povo, passeatas, carreatas e frases contundentes, porém sem promessas ou demagogia – ao menos essa foi a seleção do *JN*.

O momento coincidiu com o aumento do seu índice nas pesquisas. Em 8 de agosto, dia da entrevista ao vivo com a candidata, as pesquisas apontavam um aumento de seis pontos para Heloísa Helena. Os observadores da mídia chegaram a discutir a possibilidade de a Rede Globo estar apostando na sua candidatura para forçar um segundo turno entre Lula e Alckmin. Logo no primeiro dia de campanha nas ruas, a candidata já foi exibida fazendo caminhadas, recebendo flores e abraços de pessoas humildes. A edição do dia 6 de julho privilegiou um depoimento de Heloísa Helena no qual ela dizia que seria a primeira mulher na Presidência e não toleraria a vigarice e a traição.

No início da campanha na rua, quando Heloísa Helena aparecia no corpo-a-corpo com eleitores, ao falar da candidata o *JN* usava constantemente verbos como: "defender", "pretender", "falar", "esclarecer", "afirmar", sem questioná-la. Depois de algumas semanas, no final de julho e culminando com a entrevista ao vivo no começo de agosto, o noticiário mudou a retórica e passou a questionar a candidata ou apontar demagogia nas falas. Em uma das sonoras, chegou a enfatizar sua irritação, tornando a visibilidade negativa.

REPÓRTER: A candidata do PSOL, Heloísa Helena, foi à região Sul e defendeu uma melhor distribuição de renda. (17/7/2006)

REPÓRTER: A candidata do PSOL afirmou que, se eleita, pretende fazer uma reforma tributária para acelerar a criação de empregos.

Ela falou em desenvolvimento econômico e inclusão social. A senadora Heloísa Helena defendeu as propostas de campanha na área econômica, como a redução imediata da taxa de juros. (18/7/2006)

REPÓRTER: Heloísa Helena fez comício em Campina Grande e afirmou que é possível reduzir os juros. (21/7/2006)

REPÓRTER: À tarde, Heloísa Helena fez campanha em João Pessoa. A candidata explicou por que votou contra o ProUni, que dá bolsas em universidades particulares. Disse que pretende criar um milhão de vagas nas instituições públicas, *mas não esclareceu como conseguiria triplicar o número de alunos das universidades federais. Ela se irritou [quando] perguntada se poderia baixar os juros por decreto.*

HELOÍSA HELENA: Meu amor, olha, quem não é imbecil intelectualmente sabe que até poderia ser por decreto presidencial, mas não será preciso um decreto presidencial porque o Conselho Monetário Nacional será composto de homens ou mulheres que não são moleques de recado do capital financeiro. (24/7/2006)

REPÓRTER: [...] disse que quer assentar um milhão de famílias. Para isso, falou que usaria o orçamento e títulos da dívida agrária, *mas não deu detalhes de como conseguiria os recursos*. (1º/8/2006)

REPÓRTER: Heloísa Helena aproveitou a visita ao acampamento para lançar o programa habitacional que ela pretende desenvolver, se for eleita.

HELOÍSA HELENA: É muito importante a construção de mais de sete milhões de moradias populares, que dinamizam a economia local, gerando emprego na indústria e no comércio e possibilitando a melhoria da dignidade de vida dessas pessoas.

REPÓRTER: *Mas e os recursos, candidata?*

HELOÍSA HELENA: Do orçamento, claro. Absolutamente previsível no orçamento. (3/8/2006)

No período analisado, segundo a pesquisa, o *JN* continuou mostrando as ações do governo, porém analisando com os outros candidatos cada fala ou decisão do presidente. Essa forma de edição resultou, pelos critérios observados, em valência negativa para o candidato Lula. A palavra mais utilizada foi "crítica" ao presidente.

No dia 2 de agosto, em uma reportagem sobre a reforma política, o telejornal polemizou e confundiu, ao dizer que o presidente "poderá propor a convocação de uma Constituinte". Na ocasião, as perguntas do repórter foram feitas como se Lula já a estivesse convocando, e ele não deu voz ao presidente, mas apenas a um ministro, e ouviu os outros candidatos, direcionando o enfoque sem ouvir "os dois lados".

APRESENTADOR: O presidente Lula apoiou hoje a proposta de convocar uma Constituinte para votar a reforma política, e uma outra mudança nas regras eleitorais foi aprovada numa comissão do Senado: o fim da reeleição.

REPÓRTER: A proposta foi aprovada por unanimidade, em votação simbólica, na Comissão de Constituição e Justiça do Senado. Mas ainda precisa passar por mais duas votações no plenário do Senado e outras duas na Câmara. A mudança acaba com a reeleição a partir de 2010, para presidente, governadores e prefeitos. Já no Palácio do Planalto, o presidente Lula se reuniu com um grupo de juristas. Recebeu um documento com propostas que, segundo eles, vão disciplinar o trabalho das CPIs.

O coordenador político, ministro Tarso Genro, disse que Lula vai agora enviar o documento para os presidentes do Senado, da Câmara e da OAB. Mas, segundo ele, a discussão não deve se limitar apenas às CPIs. O objetivo do governo é discutir a reforma política e, por isso, decidiu encaminhar outra proposta dos juristas. Independentemente do resultado da eleição, o presidente poderá pedir ao Congresso que convoque uma Assembléia Nacional Constituinte só para fazer a reforma política. (2/8/2006)

A matéria era sobre o fim da reeleição, mas o foco foi desviado para uma "possível proposta anunciada por um ministro". Em seguida, veio a repercussão instigada pelos repórteres com os outros candidatos:

REPÓRTER: O candidato do PSDB, Geraldo Alckmin, passou o dia em Brasília e criticou a idéia de uma nova Constituinte.

ALCKMIN: Nós precisamos ter estabilidade nas regras, preservar a Constituição. Reforma política. A primeira coisa é aprovar a fidelidade partidária, a outra é restituir o respeito entre os poderes, espírito público. Não vejo menor sentido nisso.

REPÓRTER: O candidato do PDT, Cristovam Buarque, não fez campanha hoje e também criticou a proposta do presidente.

CRISTOVAM BUARQUE: Se o Congresso quiser convocar a Constituinte, com três quartos dos votos, tudo bem; é o povo que tá convocando. Mas o presidente da República fazer isso é uma temeridade. É um passo em direção ao autoritarismo. Outros governos da América Latina fizeram assim.

REPÓRTER: Heloísa Helena, do PSOL, passou o dia no Senado, sem nenhuma atividade de campanha. Ela também não gostou da proposta de convocação de uma Constituinte.

HELOÍSA HELENA: Não existe nenhuma lógica, para viabilizar uma reforma política, ter que convocar uma Assembléia Constituinte. A reforma política, a alteração da metodologia de CPI, tudo pode ser feito sem a convocação de uma Assembléia Constituinte. (2/8/2006)

No dia 7 de julho, segundo dia de campanha nas ruas, a matéria negativa do candidato Luiz Inácio Lula da Silva foi uma crítica à nomeação, pelo Ministério das Comunicações, para a direção dos Correios. Mas a matéria era sobre a agenda do candidato e a liberação de dinheiro para a Operação Tapa Buracos; no entanto, desde a cabeça já tomou outro rumo.

APRESENTADOR: A oposição criticou hoje as nomeações do Ministério das Comunicações para a diretoria dos Correios, exatamente a estatal que deu origem à pior crise do governo Lula. Os cargos serão preenchidos por técnicos indicados pela ala governista do PMDB.
REPÓRTER: No Palácio do Planalto, o presidente Lula manteve a agenda oficial. Para o presidente, a campanha de rua só começa no próximo dia 13, em São Bernardo. O último compromisso do presidente Lula foi no final da tarde: uma reunião no Departamento Nacional de Infra-Estrutura de Transportes, o Dnit, para discutir os resultados da Operação Tapa Buracos. Segundo o ministro dos Transportes, foram recapeados vinte mil quilômetros. O presidente não fez nenhum comentário sobre a decisão de entregar ao PMDB o comando dos Correios. Foram nomeados o presidente e três diretores, todos indicados pela ala do partido que apóia o governo. No ano passado, um flagrante de corrupção. O então chefe dos Correios, Mauricio Marinho, indicado pelo PTB do ex-deputado Roberto Jefferson, recebendo uma propina de R$ 3 mil provocou a maior crise do governo Lula. Toda a diretoria da estatal foi trocada. A CPI dos Correios investigou as denúncias de corrupção, o uso de caixa dois e a compra de votos de deputados. Hoje, no Congresso, a oposição criticou as nomeações. (7/7/2006)

A entrevista do candidato ficou em segundo plano e a matéria para qual a imprensa foi chamada também. O *JN* exibiu novamente as imagens do funcionário dos Correios recebendo propina, o estopim da crise que começou em 2005, e ouviu o senador Arthur Virgílio, líder do PSDB no Senado.

ARTHUR VIRGÍLIO: O presidente Lula está tentando arranjar, graças à máquina pública – e isso pra mim é crime –, está tentando arranjar votos. (7/7/2006)

No dia 10 de julho, o telejornal exibiu duas matérias com três minutos, sem visibilidade para o candidato Lula, e sem entrevista. Os outros candidatos tiveram divulgadas as agendas normalmente. A pesquisa revela que as matérias foram consideradas negativas, porque usavam argumentos antipáticos para o trabalhador doméstico e aposentados.

APRESENTADOR: O governo deve vetar a medida provisória que dá a empregados domésticos o direito ao Fundo de Garantia. O temor é que a informalidade aumente ainda mais. A decisão tem que ser tomada até o dia 20.

[...] O presidente Lula vetou o aumento de 16,6% para os aposentados do INSS que recebem mais de um salário mínimo. O reajuste teria impacto de R$ 7 bilhões nos cofres do governo. (10/7/2006)

A matéria foi considerada tendenciosa, porque deu como única informação a de que o governo deveria vetar o Fundo de Garantia para os empregados domésticos. As explicações do repórter e do ministro, que falavam de outros benefícios, ficaram dissolvidas no meio da matéria e sem ênfase. Na reportagem sobre o veto do aumento de 16,6% para os aposentados, o *JN* apresentou a justificativa do presidente, embora dentro da fala do repórter, e destacou o discurso da oposição. Na seqüência, uma matéria otimista do governo exemplificou bem esse período de equilíbrio nas valências e a repercussão com a oposição e os candidatos.

REPÓRTER: O presidente Lula passou a manhã no Palácio do Planalto. Com os ministros da Coordenação Política discutiu a crise de violência em São Paulo. Em seguida, recebeu o presidente de Gana. No discurso, defendeu a política de aproximação do Brasil com a África e confirmou que vai mesmo instalar um escritório da Embrapa naquele país, para desenvolver alternativas energéticas.

LULA: O combustível do futuro será baseado em fontes limpas e renováveis. Ele já existe e tem nomes: etanol, biodiesel e H-Bio. Esse projeto tem forte impacto social, cria renda e fixa o homem na terra. (10/7/2006)

As entrevistas de estúdio, ao vivo, com os quatro principais candidatos, também marcaram o período. Em 2006, houve apenas uma série no primeiro turno (7 a 10 de agosto) e nenhuma no segundo turno, como em 2002. A ordem das entrevistas foi escolhida por sorteio e todos tiveram onze minutos e meio, com prorrogação de trinta segundos. A princípio eram dez minutos, mas, como a primeira entrevista extrapolou, os outros candidatos tiveram direito ao mesmo tempo.

As entrevistas dos candidatos seguiram esta seqüência sorteada: Geraldo Alckmin; Heloísa Helena; Cristovam Buarque e Luiz Inácio Lula da Silva. A computação do tempo das entrevistas e a avaliação das valências foram introduzidas na análise. O tempo foi contado como um VT, já que não havia essa modalidade no quadro.

A primeira entrevista, com Geraldo Alckmin, teve valência negativa para o candidato. Os entrevistadores discutiram assuntos que não apareciam diariamente no telejornal. As perguntas sobre a segurança, o escândalo do banco Nossa Caixa e o envolvimento do PSDB no caso do Mensalão em 1998 foram contundentes. Não se falou sobre programa de governo, apenas sobre denúncias.

Na entrevista, os apresentadores abordaram a questão da segurança em São Paulo e Alckmin tentou rebater as acusações dizendo que esse problema ocorria em todo o Brasil e era um problema do presidente da República. Foram 2 minutos e 49 segundos de respostas sobre a segurança.

Em seguida, debateu-se o início do Mensalão em 1998 com o senador Eduardo Azeredo, do PSDB de Minas Gerais.

BONNER: Candidato, o senhor defende um banho de ética na política brasileira. Mas, em 1998, o senador Eduardo Azeredo, do seu partido, beneficiou-se do Valerioduto. Por que o PSDB não teve com ele a mesma firmeza que acabou cobrando do governo Lula em relação ao Mensalão? (7/8/2006)

O apresentador William Bonner também questionou o candidato sobre as CPIs de acusação no governo de São Paulo que não foram levadas em frente.

ALCKMIN: O governador não manda na Assembléia. Aliás, os nossos secretários do Estado, ao longo dos doze anos de mandato do Mário Covas e meu, sempre prestaram contas à sociedade paulista. Agora, esses sessenta e tantos pedidos de CPI, você tem quatro, cinco para a mesma coisa... (7/8/2006)

Os apresentadores do telejornal pareciam sair em defesa do atual governo na questão do veto da aposentadoria.

BONNER: E com relação à aposentadoria? O seu partido aprovou aí um aumento para todos os aposentados, que significaria um rombo de R$ 7 bilhões nas contas públicas, porque aquilo não estava previsto em orçamento. Quando o PSDB era governo, ele não agia dessa forma, e tanto o senhor quanto o seu partido condenaram o veto que o presidente Lula se viu obrigado a fazer, nesse caso. Por que isso? Qual é a explicação para isso?
ALCKMIN: Eu faria tudo para pagar esse reajuste, tudo o que eu pudesse. Veja bem, o governo gastou R$ 20 bilhões, 1% do PIB, com todo mundo. Deu aumento para funcionário, fez convênios, liberou recursos para municípios. Depois que ele gastou R$ 20 bilhões, ele virou para os aposentados e disse: "Olha, eu não tenho dinheiro para vocês". Não tem R$ 7 bilhões para os aposentados que ganham dois salários mínimos, em média, do INSS, mas acabou de aprovar R$ 9,5 bilhões da Petrobras para o fundo

de pensão da Petrobras. O acionista majoritário da Petrobras é o governo. Então usa dois pesos e duas medidas.

BONNER: E por que nos oito anos anteriores do governo do PSDB isso não chegou a ser feito, um aumento significativo como esse não chegou a ser dado? (7/8/2006)

Falou-se, também, em corrupção na Caixa Econômica do Estado de São Paulo – a Nossa Caixa – e em índices negativos da educação em São Paulo, o que causou controvérsia de dados e informação e superou o tempo da entrevista.

A segunda entrevista ao vivo, no estúdio, com Heloísa Helena, foi polêmica e teve um tom irônico, tanto por parte da candidata quanto dos apresentadores. Na primeira questão já aconteceram ataques aos ministros do governo Lula.

BONNER: Candidata, no mês passado, a senhora disse que não discutiria com o ministro das Relações Institucionais, Tarso Genro, porque ele era um "empregadinho" do presidente Lula. A senhora considera essa expressão ofensiva aos brasileiros, já que a maioria deles também é formada por empregados?

Além dessa expressão, "empregadinho", que a senhora até há de considerar meio preconceituosa, a senhora usou outras expressões, como "safados", "lacaios", "imbecis". Essas expressões não mostram uma certa falta de tranquilidade? (8/8/2006)

A presidenciável começou a falar e não se deixou mais ser interrompida; foram perceptíveis a incompatibilidade e até a agressividade na bancada do telejornal. Heloísa Helena chamou os apresentadores de "meu amor", "minha flor", "danadinha" e disse que a apresentadora deveria entender mais de reforma agrária do que ela.

Apesar das "farpas" trocadas, a candidata ainda conseguiu apresentar mais propostas que o candidato Alckmin, mas foi incoerente quando respondeu que não seria tão radical quanto o seu programa de governo, transmitindo falta de credibilidade.

BONNER: O programa de seu partido falando de reforma agrária diz que não existe saída para o campo brasileiro sem a expropriação das grandes fazendas, sejam elas produtivas ou não. A senhora vai tomar terras de proprietários rurais que produzem e empregam?

HELOÍSA HELENA: Eu não posso, meu amor, porque a Constituição proíbe. [...] Programa de partido trata de objetivos estratégicos do partido. Não tem nada a ver com programa de governo. Seria impossível fazer a expropriação de terra, a não ser que tenha trabalho escravo ou plantação de maconha.

FÁTIMA: Não seria incoerente, candidata, ter visto no programa... Quer dizer, não pode levar o eleitor a pensar o seguinte: que outros itens do seu programa, do partido que a senhora ajudou a fundar, a senhora poderia dizer que não pretende cumprir?

HELOÍSA HELENA: Não. Veja só uma coisa. Talvez quem não é militante de partido não entenda muito isso. Os objetivos estratégicos de um partido. Por exemplo, eu sou uma socialista por convicção, eu digo sempre que aprendi na Bíblia, antes de ler os clássicos da história socialista, a ser uma socialista. Acho que nada de mais belo existe, a mais bela declaração de amor à Humanidade de cada um, conforme suas possibilidades e para cada um conforme sua necessidade. Objetivo estratégico é algo que você pensa em implementar em trinta anos, quarenta anos.

Meu amor, olha, a transposição mecânica de experiências históricas é uma fraude política e desonestidade intelectual da qual eu jamais poderia compartilhar.

FÁTIMA: Mas na vida prática não há um modelo em vigor?

HELOÍSA HELENA: Meu amor, deixa eu dizer uma coisa. Não há no planeta Terra nenhuma experiência socialista. (8/8/2006)

Na pesquisa divulgada no dia da entrevista, Heloísa Helena apresentou um aumento de seis pontos nos índices de intenção de voto, mas logo depois começou a cair e se estabilizou. Na pesquisa sobre a entrevista, a audiência de Heloísa Helena foi menor que a de Alckmin.

O presidenciável Cristovam Buarque deu uma entrevista enfática, na qual os jornalistas queriam demonstrar toda sua superioridade com perguntas rápidas, sem esperar a conclusão da resposta, mostrando impaciência com o candidato. Os entrevistadores foram até mal-educados e demonstraram sarcasmo.

BONNER: O senhor já teve duas oportunidades de executar, de pôr em prática as suas idéias. Como governador do Distrito Federal e como ministro da Educação do presidente Lula. Como governador, o senhor não conseguiu se reeleger, não passou na prova das urnas no fim do mandato. Como ministro, o senhor foi demitido pelo presidente Lula. Como é que o senhor se credencia à Presidência?
CRISTOVAM BUARQUE: Porque nos dois cargos eu cumpri tudo o que prometi.
BONNER: Tudo? E perdeu. Por quê? O senhor não encara isso como uma demonstração de que o senhor foi reprovado pelos seus eleitores?
CRISTOVAM BUARQUE: Não, porque até o último momento as pesquisas me davam como vitorioso. E eu não menti.
BONNER: Mas na hora da contagem... (9/8/2006)

As perguntas sobre propostas abordaram o tema da educação e foram tantas questões com respostas repetitivas que, no final, parecia uma cansativa sabatina.

O candidato à reeleição, Luiz Inácio Lula da Silva, foi triplamente privilegiado na série de entrevistas ao vivo. Além de ser o último, pelo sorteio, manteve-se no ambiente de trabalho, sem precisar se deslocar para os estúdios da Globo, no Rio, e acabou tendo mais tempo – 12 minutos e 17 segundos –, embora as perguntas tenham sido maiores e também o tempo usado pelo apresentador ao fazê-las.

Os entrevistadores se mostraram mais receptivos nas falas e gesticulações. Na primeira pergunta, Bonner falou da "quadrilha dos quarenta", mas se retratou dizendo que essa fora a expressão usada pelo procurador. Com os outros candidatos ele foi mais ríspido, mas com o presidente falou mais. Só na primeira pergunta o apresentador gastou um minuto e até chegou a ler um trecho.

BONNER: Candidato, o Ministério Público denunciou o que ele chamou de uma quadrilha de quarenta integrantes, que teria como núcleo central, nas palavras do procurador, o seu ex-ministro-chefe da Casa Civil, José Dirceu, e dirigentes do PT, José Genoino, Silvio Pereira, Delúbio Soares. Segundo a denúncia... eu vou ler um trechinho... (10/7/2006)

O candidato mostrou intimidade, chamando os apresentadores pelo primeiro nome, mas também deixou transparecer certo nervosismo. As primeiras questões continham as denúncias do promotor público e as investigações e CPIs. Foram doze perguntas sobre o assunto e duas pessoais, sobre Paulo Okamoto e uma dívida que Lula teria com o PT. As outras duas tratavam da Segurança Pública e não houve discussão ou apresentação de propostas, tornando essa a entrevista mais neutra entre as quatro realizadas.

Os candidatos Luciano Bivar e José Maria Eymael não deram entrevistas ao vivo no noticiário, mas participaram de entrevistas gravadas pelo repórter Tonico Ferreira, com pouco mais de dois minutos cada uma. Bivar destacou o que falava em todas as outras sonoras: a proposta do imposto único. Eymael também teve a oportunidade de apresentar seu programa de governo. As entrevistas ocorreram na sexta e no sábado da segunda semana de agosto. Nesse período, as candidaturas de Ana Maria Rangel, do PRP, e Rui Costa Pimenta, do PCO, estavam suspensas pelo TSE.

3º PERÍODO: HORÁRIO ELEITORAL E PRIMEIRO TURNO (AGOSTO, SETEMBRO)

Da entrada do horário eleitoral – na segunda quinzena de agosto – até o final do primeiro turno, foram analisados 34 telejornais, quase 90% dos exibidos no período. No mês de setembro, praticamente todas as edições foram estudadas. Entre os principais assuntos, destacavam-se a entrada da propaganda eleitoral na televisão e, faltando quinze dias para a votação do primeiro turno, a "enxurrada" de matérias sobre a tentativa de compra de um dossiê com denúncias contra candidatos do PSDB.

Ao longo desse período, o telejornal estava mais curto e a exibição de pesquisas começou a ser mais assídua. O *Jornal Nacional* passou a divulgá-las a cada quinze dias e depois a cada três e dois dias. As campanhas foram intensificadas e o *JN* enfatizou somente os candidatos de partidos maiores. Ana Maria Rangel e Rui Costa Pimenta mantiveram a candidatura e reapareceram no noticiário.

No fim de agosto, depois da entrada do horário eleitoral, o *JN* destacou também matérias de economia negativas sobre desemprego, aumento dos impostos e demissões; falava sobre o crescimento pequeno, abaixo da expectativa. O telejornal reforçava a idéia de 2002 de repercutir a situação por meio de outros candidatos – a diferença é que em 2002 tratava-se de assuntos diversos, mas em 2006 eram assuntos ligados ao governo.

A tabela 29 revela que os candidatos nanicos tiveram no máximo quatro aparições em 34 telejornais. Os outros candidatos, com exceção de Lula, apresentaram participação equilibrada com 34 ou 35 vezes. Conforme os critérios já citados na metodologia, a cada vez que o candidato é citado ou relacionado na matéria, mesmo que não apareça na imagem ou não dê entrevistas, é contada uma valência.

Foi por meio desse critério que se verificou uma visibilidade para Lula bem superior que a dos outros candidatos, com uma média de mais de duas aparições por telejornal. Na inserção, ainda, não se levaram em conta as notas ao vivo, somente as notas cobertas por imagem, reportagens ou entrevistas. De acordo com os números descritos na tabela 29, Lula teve 73 momentos de exibição nos telejornais analisados, mais que o dobro do segundo colocado.

TABELA 29 – NÚMERO E TEMPO DE MATÉRIAS POR CANDIDATO – 3º PERÍODO

Candidato	Número de matérias	Percentual do total	Tempo das matérias
Geraldo Alckmin	35	18,91	18m51s
Ana Maria Rangel	2	1,08	9s
Cristovam Buarque	34	18,37	16m22s
Heloísa Helena	34	18,37	16m55s
José Maria Eymael	4	2,16	16s
Luciano Bivar	2	1,08	15s
Luiz Inácio Lula da Silva	73	39,45	127m5s
Rui Costa Pimenta	1	0,54	6s
Total de matérias	185		

As reportagens ou notas cobertas que apresentavam o nome ou relacionavam o candidato Lula representaram quase 40% do total de matérias, e o tempo de exibição também foi elevado, com 70%. Computaram-se os tempos totais das reportagens com enfoques e repórteres diferentes, embora sobre o mesmo assunto.

No início do período, o número de matérias e os tempos estavam equilibrados, mostrando o governo positivamente e os outros candidatos falando de projetos. Porém, na segunda quinzena de setembro, o destaque sobre Lula foi bem superior. Foram várias matérias com denúncias sobre um dossiê contra o candidato do PSDB ao governo de São Paulo, José Serra. Todas as matérias relacionavam o candidato à presidência do PT, embora o assunto fosse regionalizado e a maioria não apresentasse a imagem ou não usasse a sonora do candidato, como mostra a tabela 30.

TABELA 30 – NÚMERO E TEMPO DE SONORAS POR CANDIDATO – 3º PERÍODO

Candidato	Matérias	Sonoras	Percentual do número total nas matérias	Tempo das sonoras	Percentual do tempo total nas matérias
Geraldo Alckmin	35	28	80	7m6s	37,67
Ana Maria Rangel	2	0			
Cristovam Buarque	34	27	79,41	6m39s	40,63
Heloísa Helena	34	27	79,41	6m26s	38,03
José Maria Eymael	4	0			
Luciano Bivar	2	0			
Luiz Inácio Lula da Silva	73	15	20,54	5min10s	4,07
Rui Costa Pimenta	1	0			

O número de sonoras exibidas na tabela demonstra o total equilíbrio entre os candidatos Alckmin, Heloísa Helena e Cristovam Buarque. Mais uma vez, Alckmin teve um momento a mais de visibilidade com uma sonora de vantagem em relação aos dois candidatos; a exemplo das matérias – ficou com 35, enquanto os candidatos do PSOL e do PDT tiveram 34.

O desequilíbrio está no candidato Lula: apesar de o seu nome ser apresentado em 73 matérias, somente em 20% delas ele deu entrevista. Os outros candidatos apareceram em entrevista em cerca de 80% das matérias. O tempo das sonoras é que esteve equânime para todos, com uma média de pouco mais de seis minutos. A tabela 31 evidencia a desvantagem do candidato à reeleição por meio dos resultados das valências. A diferença foi expressiva principalmente antes do primeiro turno, na segunda quinzena de setembro.

TABELA 31 – VALÊNCIA DAS MATÉRIAS POR CANDIDATO – 3º PERÍODO

Candidato	Valência das matérias/Porcentagem					
	Positiva		Negativa		Neutra	
Geraldo Alckmin	24	68,57%	3	8,33%	8	22,22%
Ana Maria Rangel	2	100%	0		0	
Cristovam Buarque	18	52,94%	4	11,76%	12	35,29%
Heloísa Helena	21	61,76%	2	5,88%	11	32,35%
José Maria Eymael	0		0		4	100%
Luciano Bivar	1	50%	0		1	50%
Luiz Inácio Lula da Silva	12	16,43%	51	69,86%	10	13,69%
Rui Costa Pimenta	0		0		1	100%

Lula teve um período muito ruim, com 51 valências negativas, ante apenas três de Alckmin, duas de Heloísa Helena e quatro de Cristovam Buarque. O desequilíbrio prevaleceu também na valência positiva, pois o candidato do PSDB teve exatamente o dobro de matérias consideradas positivas em relação ao do PT. A pesquisa aponta que houve uma construção desfavorável do cenário eleitoral pelo *Jornal Nacional* no terceiro período. Essa unilateralidade fica evidente na interpretação do resultado quantitativo exibido antes.

Nos primeiros telejornais analisados no período – final de agosto e começo de setembro –, o panorama era bem diferente daquele de fins de setembro, e foi surgindo com matérias que mostravam apenas o dia-a-dia dos candidatos e ações do governo. Nesse período, Luiz Inácio Lula da Silva acumulou valências equiparadas com as dos outros candidatos, com muitas matérias sugerindo neutralidade – basta observar que os quatro principais candidatos tiveram, conforme a tabela 31, quase o mesmo número de valências neutras, embora algumas matérias sobre os problemas do Brasil, como as da Caravana *JN*, evidenciassem negatividade para o governo.

Um exemplo disso ocorreu no dia 24 de agosto, quando o telejornal exibiu três matérias negativas sobre o governo. A primeira, com mais de três minutos, foi a matéria da série Desejos do Brasil, sobre segurança pública. O repórter destacou que o Brasil é "o país com medo e com motivos para isso. A primeira razão de ser do Estado é deter o monopólio da violência para impor a ordem. O Estado brasileiro perdeu esse monopólio. Perdemos".

O telejornal transferiu a responsabilidade da acusação para um sargento da cidade de Arapiraca, em Alagoas: "Se a gente prende, amanhã está solto. É um país sem lei, sem governante e sem nada. Um país entregue ao caos".

O segundo VT fazia comentários sobre o peso dos impostos. A narração do repórter destacou:

REPÓRTER: No ano passado, de cada R$ 100 que o brasileiro ganhou, mais de R$ 37 foram para o governo, em impostos e contribuições federais, estaduais e municipais. Essa é a chamada carga tributária brasileira: 37,37% do PIB, toda a riqueza que o país produziu em 2005. (24/8/2006)

O repórter disse ainda que "os empresários reclamam que esse dinheiro não está sendo usado para fazer o país crescer, e sim para financiar gastos do próprio governo, que se defende". O VT teve um minuto, inseriu a defesa do governo e, por último, apresentou a fala de Paulo Skaf, da Fiesp:

PAULO SKAF: Não se pode pagar 38% do PIB de impostos. É necessário criar um cenário não hostil ao crescimento, um cenário que estimule o crescimento. (24/8/2006)

Em geral, no fechamento desse tipo de matéria, o telejornal inseria uma crítica, porque era o momento mais forte, e o texto final é o que fica registrado.

Na terceira matéria negativa do dia, o *JN* tentou polemizar, ao exibir entrevistas do ministro do Trabalho, Luiz Marinho, e do presidente do IBGE, Eduardo Nunes. A matéria tratava de uma pesquisa que apontava o aumento do desemprego nas maiores regiões metropolitanas, mas a cabeça chamou a atenção para o desemprego em geral.

APRESENTADOR: O IBGE divulgou hoje uma pesquisa que mostra aumento na taxa de desemprego em julho. Os dados provocaram críticas do ministro do Trabalho.

REPÓRTER: Os números são da pesquisa mensal de emprego. Em julho, 2,4 milhões de pessoas estavam sem trabalho nas seis maiores regiões metropolitanas do Brasil. Representam 10,7% da população ativa – é a maior taxa desde abril do ano passado.

MINISTRO: Não sei de onde o IBGE tirou esses números. É uma realidade das regiões metropolitanas, algumas regiões metropolitanas. A pesquisa não cobre o território nacional como um todo. É uma falha das nossas estatísticas. Não estou dizendo que é malfeita, não disse isso.

PRESIDENTE DO IBGE: Não há polêmica, todo cidadão tem direito de fazer a avaliação sobre os resultados de uma pesquisa, fazemos uma visita a quarenta mil domicílios no país, que o resultado é absolutamente normal. (24/8/2006)

Ainda no final de agosto, no dia 31, duas matérias tiveram valência negativa para a candidatura de Lula. As matérias eram de economia e política – divulgação e interpretação dos números do PIB:

APRESENTADOR: A economia brasileira provocou uma decepção no segundo trimestre. Um crescimento muito pequeno. Segundo o

IBGE, principalmente por causa da indústria. A economia está crescendo menos. O PIB, soma de tudo que é produzido no país, cresceu apenas 0,5% no segundo trimestre em relação ao primeiro. Número bem abaixo do alcançado no período anterior, que foi de 1,3%. *No mesmo dia em que se divulgou esse resultado do PIB*, o governo enviou ao Congresso a proposta de orçamento de 2007, *com aumento de gastos e do peso dos impostos*. Os números foram anunciados pelo ministro do Planejamento. O governo afirma que em 2007 o PIB vai crescer 4,75% e que o peso de *todos os impostos* para os brasileiros vai subir de novo, para 26,24% do PIB. Para este ano, a previsão era de 26,14%. Para o salário mínimo o governo *vai dar apenas* o que prevê a lei, passando de R$ 350 para R$ 375. *O governo desistiu de reduzir os gastos com a administração pública*. O corte está previsto na Lei de Diretrizes Orçamentárias, que ainda não foi votada pelo Congresso. Assim, essas despesas, como o pagamento de servidores, devem fechar 2007 em R$ 353 bilhões. R$ 30 bilhões a mais que este ano. [Grifos nossos] (31/8/2006)

O texto, além de repetir expressões como "peso dos impostos", reforçou a idéia negativa com palavras como "vai dar apenas" e "desistiu de reduzir os gastos". No quadro do dia do candidato, o *JN* buscou as críticas dos outros candidatos à Presidência em relação ao crescimento do país. Vale lembrar que o repórter designado para cobrir o candidato recebe – da pauta responsável pela *praça*[5] – uma orientação sobre as perguntas que deve fazer ou o assunto que deve repercutir. Os assuntos que estavam em pauta eram repercutidos no dia-a-dia. Muitas vezes o candidato nem sabia do assunto e era informado pelo repórter.

APRESENTADOR: Os candidatos à Presidência comentaram o resultado do PIB do segundo trimestre, divulgado hoje.
HELOÍSA HELENA: Infelizmente o crescimento pífio é o retrato da escolha da política econômica feita pelo governo. Qualquer pessoa que vinha fazendo análise técnica, claramente apontava para isso.

ALCKMIN: O país não cresce desse jeito. Nós vamos fazer o contrário. Agenda do crescimento. Agenda do crescimento é qualidade do gasto público. É investimento, é infra-estrutura, é educação. É recuperar a saúde.

BUARQUE: Nós temos um PIB baseado em produtos que não representam a modernidade, que precisam dar um salto na produção de bens de alta tecnologia, e a gente não vai fazer isso se não fizer a revolução da educação. (31/8/2006)

Ainda no final de agosto, as pesquisas revelaram a queda da candidata Heloísa Helena. Ela – que em fins de julho e princípios de agosto conseguiu subir cerca de quatro pontos – começou a cair depois do início do horário eleitoral. Mesmo assim, apresentou valência positiva em mais de 61% das matérias. Diariamente, no quadro "Agenda do Candidato", Heloísa Helena foi exibida sorrindo, "fazendo festa", abraçando e beijando as pessoas, tocando pandeiro e muito afetiva, com uma faceta carismática, ao contrário de alguns adversários.

Para Alckmin, as valências positivas se deram no dia-a-dia, já que a maioria das matérias mostrava uma imagem otimista do candidato. Ele aparecia com uma postura firme, como se já tivesse sido eleito – a mesma de José Serra em 2002. Ao contrário de Heloísa Helena, destacada no meio do povo, Alckmin falava em entidades, instituições e até fora do país em tom austero, usando formas verbais como "pretendo", "Esse pólo todo, industrial, ele pode crescer. *Pretendo liberar* rapidamente os recursos da Suframa, para a infra-estrutura na região" (25/8); "vou", "*Eu vou mexer no código penal, código do processo, lei de execuções penais*, que é tudo federal" (30/8); e "vamos", "O país não cresce desse jeito. *Nós vamos fazer o contrário*" (31/8), "Simplificando, desburocratizando e apoiando o pequeno... o micro e o pequeno empresário. *É isso que nós vamos fazer*" (21/8) [grifos nossos].

As pesquisas ainda mantinham Alckmin abaixo de Lula, no final de agosto. No dia 29, o Instituto Datafolha divulgou que

Lula apresentava 50% das intenções de voto e Alckmin, 17%. As informações das pesquisas eram divulgadas sem qualquer destaque, por notas cobertas, e sem chamadas, como aconteceu em julho, quando da ascensão de Alckmin em 30 de junho.

Ainda no dia 29 de agosto, houve uma edição negativa para Lula, embora neutra para Alckmin, já que não estimulou positividade à sua candidatura. O *JN* deu espaço ao ex-presidente Fernando Henrique Cardoso como se ele fosse o candidato do PSDB. A matéria era sobre um encontro com almoço por adesão para arrecadar dinheiro para a campanha de Alckmin. A fala do ex-presidente durou 32 segundos e uma de suas frases, repetida várias vezes, ganhou destaque: "Eu não sou igual a ele [Lula]".

APRESENTADOR: O ex-presidente Fernando Henrique Cardoso elevou o tom das críticas. Acusou o presidente Luiz Inácio Lula da Silva de ter sido brando com auxiliares acusados de corrupção.
FERNANDO HENRIQUE CARDOSO: Me dói ver agora o próprio presidente da República dizer: 'Não, todos são iguais'. Iguais não. *Eu não sou igual a ele. Eu não sou igual a ele. Eu não sou igual a ele.* Eu queria ter sido igual a ele quando ele foi líder operário aqui e eu o acompanhei nas greves. Eu queria ter sido igual a ele naquele tempo, mas ele mudou. [Grifos nossos] (29/8/2006)

O *JN* destacou o áudio com o discurso, apesar da imagem deficiente. Na cena, gravada de longe, aparecia o garçom em primeiro plano. Na edição, deu-se prioridade ao discurso e, por isso, a imagem é mostrada, mesmo precariamente.

No período analisado, o candidato Cristovam Buarque é mostrado, na maioria das vezes, com grupos pequenos e em ambientes fechados. Em todas as entrevistas, ele manteve a proposta voltada para a educação. Nos dois primeiros períodos analisados, ele chegou a ser tratado com ironia por causa disso; no terceiro, Cristovam Buarque foi quem teve a campanha mais estagnada entre os principais candidatos, tanto que as exibições foram consideradas neutras em quase 40% das matérias.

Nos primeiros quinze dias de setembro, as matérias do *Jornal Nacional* mantiveram o mesmo ritmo de agosto. Diariamente eram apresentadas as reportagens da Caravana percorrendo o Brasil e, a cada quinze dias, o *JN* era exibido em parte do lugar onde estava a Caravana. Nessa ocasião, o telejornal apresentava a agenda dos principais candidatos em forma de nota coberta. Nesse período, a presidenciável Heloísa Helena era mostrada distribuindo beijos, no contato com o povo e em caminhada com militantes. Na maioria das vezes com valência positiva, embora ainda fosse questionada sobre os recursos para desenvolvimento de projetos. Um tratamento diferenciado beneficiou Alckmin, que falava em projetos, e não era questionado sobre como viabilizaria a verba.

Ele também foi exibido mais próximo do povo, como no dia em que distribuiu paçoca entre crianças, jogou sinuca em um bar e visitou dona Dodô, primeira porta-bandeira da Escola de Samba Portela. O telejornal continuou destacando as propostas, mesmo que representassem promessas sem consistência. "Nós vamos fazer um amplo plano de obras, pra gerar emprego e renda"; "Nós vamos trabalhar muito a questão habitacional..."

O candidato Lula começou o período estabilizado nas pesquisas e, logo no começo de setembro, ampliou a vantagem, embora a visibilidade do seu governo no *Jornal Nacional* não contribuísse para tal. As matérias da Caravana exibiam o lado negativo do governo: estradas destruídas, escolas em péssimo estado e agentes de saúde sem condições de trabalho. No dia 7 de setembro, a Caravana *JN* começou uma série de três matérias sobre "a pior estrada do Brasil": a BR-316, entre o Maranhão e o Pará. A reportagem, com 1 minuto 16 segundos, exibiu crateras e sugeriu que os candidatos passassem por lá.

No dia seguinte, o telejornal repetiu parte da matéria anterior, enfatizando as entrevistas colhidas: "Mostra a vergonha do Brasil, mostra onde foram parar nossos impostos, olha as placas de sinalização, os olhos-de-gato, as faixas no asfalto. Olha o asfalto. Olha a única estrada federal que liga o Maranhão ao Pará!" No mesmo telejornal, outra reportagem aproveitou o "gancho" e abordou os impostos pagos para a manutenção das estradas e o desvio da verba. O apresentador do telejornal mostrou, então, sua indignação apontando erros do governo e do candidato à reeleição.

No dia 9 de setembro, o *JN* repercutiu a reportagem com os candidatos à Presidência. Os repórteres indicavam o assunto, e os editores tentaram usar trechos das entrevistas, mas algumas respostas ficaram desconexas. Todos falaram de seus planos e não criticaram o governo, enquanto Lula tentou uma justificativa.

REPÓRTER: O presidente comentou a reportagem da Caravana *JN* sobre o péssimo estado da BR-316.
LULA: "Ela foi licitada em abril de 2006, ela faz parte daquela operação que tomamos em janeiro, e lamentavelmente ela foi licitada e demorou para começar a obra. Mas eu fui informado de que já tem 120 pessoas trabalhando na obra.
APRESENTADOR: Geraldo Alckmin tomou café da manhã com assessores num hotel em Fortaleza. Ele seguiu para Cascavel, no litoral do Ceará, onde percorreu a Feira de São Bento, na região central da cidade, e comentou a situação da BR-316, no Maranhão, que visitou depois de ver a reportagem do *Jornal Nacional*.
ALCKMIN: Eu vi o estado de abandono da estrada. Graves riscos para os usuários, risco para os caminhoneiros, aumento do custo do frete. Nós vamos fazer um amplo plano de obras, pra gerar emprego e renda.
APRESENTADOR: Heloísa Helena falou sobre a importância do combate ao narcotráfico na região de fronteira e também sobre o estado das rodovias brasileiras.
HELOÍSA HELENA: É muito importante fazer investimentos em transporte, porque dinamiza a economia, gerando emprego e renda na indústria e na construção civil. E viabilizar outras alternativas, além do transporte rodoviário.

APRESENTADOR: O candidato do PDT, Cristovam Buarque, fez campanha em Samambaia, cidade a trinta quilômetros de Brasília. Entrou em lojas para distribuir panfletos e participou de um comício. O candidato também comentou a situação das estradas do país, como a da BR-316 mostrada na Caravana *JN*. Disse que em seu programa de governo defende não só a recuperação como a duplicação das principais rodovias.

CRISTOVAM BUARQUE: Sem estrada o país emperra. Da mesma forma que sem energia o país emperra. Então é preciso fazer não só a recuperação dessa malha viária que está destruída como também alargar o sistema viário brasileiro. (9/9/2006)

Entre as matérias consideradas negativas para o candidato Lula, estava também uma sobre pesquisa do Banco Mundial que relatava que o Brasil era um dos piores países para abrir negócio.

No período analisado, pode-se considerar que os últimos quinze dias antes do primeiro turno foram os mais significativos. O destaque da mídia e, em particular, do *JN*, na cobertura de denúncias da compra de um suposto dossiê por membros do PT, desestabilizou as campanhas e atingiu o candidato do PT, que até então estava com a eleição garantida no primeiro turno, segundo as pesquisas.

A mostra da cobertura do *Jornal Nacional* no período revela o aumento das valências negativas para o governo, culminando com a alteração no quadro das pesquisas eleitorais e a realização do segundo turno. Como os dados coletados nesses últimos quinze dias foram bem diferentes dos apresentados no início do período, eles foram distribuídos em tabelas específicas, para uma melhor explanação.

O período de denúncias e matérias negativas começou com intensidade em 13 de setembro, quarta-feira. Do dia 13 até o dia 30, foram 43 matérias sobre Lula, contra 17 de cada um dos outros três principais candidatos. Alckmin, Heloísa Helena e Cristovam Buarque mantiveram a média de uma matéria por dia e estiveram entre a positividade e a neutralidade.

**TABELA 32 – NÚMERO E VALÊNCIA DE MATÉRIAS POR CANDIDATO
– 13 A 30 DE SETEMBRO DE 2006**

Principais candidatos	Número de matérias	Valências Positiva	Valências Negativa	Valências Neutra
Geraldo Alckmin	17	12	1	4
Cristovam Buarque	17	11	0	6
Heloísa Helena	17	13	0	4
Luiz Inácio Lula da Silva	43	4	37	2

A partir do dia 13 de setembro, os editores passaram a inserir no noticiário matérias de denúncias que envolviam diretamente o partido do governo. Foram produzidas reportagens de no mínimo um minuto e meio e de até sete minutos sobre as denúncias. Eram ao menos duas matérias por telejornal, e os editores chegaram a formatá-lo de maneira inédita com uma cabeça para várias reportagens sobre o mesmo assunto, repetindo imagens, mas buscando abordagens diferentes.

O telejornal começou a ser pautado pelo "denuncismo", a ponto de deixar temas relevantes como cobertura de CPIs e assuntos econômicos de lado, até o furo de não noticiar a queda do avião da Gol, que matou 154 pessoas. Houve dia em que as matérias sobre as denúncias tomaram quase 80% do telejornal – é como se não acontecesse mais nada no país.

Os editores passaram a empregar na narrativa um vocabulário usado na intimidade ou em programas policiais e criaram, em quinze dias, um rótulo, como fez toda a mídia em 2005 e início de 2006, ao tratar da crise política. Já não falavam "presidente Lula", e sim "Lula", "os amigos de Lula", "máfia do Planalto", "centro do escândalo", "o escândalo do dossiê", "a máfia do dossiê", "dinheiro sujo", "lavagem de dinheiro", "submundo do crime", "explosão da máfia", "personagens obscuros" e "emissários do PT". A cobertura mudou também para pessoas que estavam supostamente envolvidas: aquelas ligadas ao PT eram chamadas de "petistas"; as ligadas a outros partidos, de "empresários".

Em quase todos os noticiários do período o assunto do dia eram as denúncias e suas repercussões com os demais candidatos. Para Lula houve quatro matérias positivas, segundo o critério adotado, já identificado na metodologia. Foram matérias sobre ações do governo. Dois exemplos:

REPÓRTER: Em Brasília, o presidente Lula, candidato à reeleição, deu entrevista ao *Bom Dia Brasil*. Depois, recebeu o manifesto pela valorização do livro. E foi elogiado por ter dado, segundo participantes, passos decisivos para o futuro do livro. Lula defendeu a aprovação do Fundeb – o fundo que destinará mais recursos para o ensino básico.

LULA: Representará um enorme salto de qualidade em nosso ensino e uma oportunidade ímpar para popularizar, para a popularização do livro e da leitura. (13/9/2006)

REPÓRTER: A Fundação Getulio Vargas divulgou, hoje, um estudo, baseado em números do IBGE, que mostra a queda do nível de pobreza no Brasil nos três primeiros anos do governo Lula.

A Fundação Getulio Vargas se baseou nos dados da Pesquisa Nacional por Amostra de Domicílios. Pelos cálculos da Fundação, o percentual de brasileiros que vivem abaixo da linha da miséria caiu de 28,17%, em 2003, para 22,77%, em 2005. Uma queda de 19,18%.

Foi a maior redução desde 1992, quando o estudo começou a ser feito. (21/9/2006)

As matérias negativas para o candidato do PT começaram com a denúncia de irregularidades na produção de uma revista que teria sido paga com dinheiro público. A matéria teve 1 minuto e 22 segundos.

APRESENTADOR: O Tribunal de Contas da União aprovou o relatório que denuncia irregularidades na impressão de revistas de propaganda do governo. O material teria sido distribuído pelo PT.
REPÓRTER: O relatório foi aprovado por unanimidade. Os auditores do TCU concluíram que as cartilhas encomendadas pela Secretaria de Comunicação da Presidência foram compradas acima do preço e muitas – dois milhões – não chegaram a ser confeccionadas pelas empresas contratadas: duas agências de publicidade e cinco gráficas.

A Secretaria de Comunicação disse, em sua defesa, que as cartilhas tinham sido entregues diretamente aos diretórios municipais do PT o que, para o TCU, piorou a situação. Mostrou confusão entre a ação do governo e a ação partidária, para promover o PT.

Segundo o relatório, as agências Duda Mendonça e Matisse receberam dinheiro sem ter efetuado o serviço. (13/9/2006)

15 E 16 DE SETEMBRO

No dia 15, foi veiculada uma única matéria sobre o dossiê e sobre a prisão dos acusados. A matéria durou 1 minuto e 33 segundos. Não havia citação de qualquer ligação com o candidato à reeleição, a não ser pelo fato de que um dos detidos, Waldebran Padilha, segundo a reportagem, era filiado ao PT em Mato Grosso. Quem fez a primeira matéria para o *JN* foi Rodrigo Vianna. Ele conta que, a partir dali, a cobertura começou a ficar "estranha". "Chego na PF naquela sexta-feira. Eu estava indo embora, quando o chefe de reportagem me disse: 'Olha vão para a Federal, porque parece que prenderam alguém aqui em São Paulo relacionado ao Vedoin'. O parente do Vedoin, Trevisan. O Vedoin já tinha sido preso em Cuiabá na quinta-feira à noite. 'Vamos pra lá, porque parece que prenderam alguém aqui em São Paulo relacionado aos caras'. Quando eu cheguei, estranhei, porque tinha duas peruas da produtora da GW parada na frente da Federal. [...] No fim de semana o noticiário já começa a ser um pouquinho para bater na candidatura do Lula e dando como certo que aqueles caras tinham cometido um crime. Até hoje não se sabe o crime que eles cometeram, porque comprar informação não é crime, mesmo que tivesse comprado, não é proibido comprar informação. De qualquer forma, numa campanha presidencial, alguém querendo comprar informação sobre outro candidato tem interesse jornalístico, não tenha dúvida."[6]

No sábado, 16, o tempo destinado à cobertura do caso dobrou e foram mostradas duas matérias que apresentaram negatividade para Lula e Alckmin. O dossiê foi a primeira matéria e, com mais impacto, destacou a imagem dos homens dizendo que "são filiados ao PT do MT e arrecadadores de recursos do partido para o candidato à prefeitura de Cuiabá, em 2004". A matéria se referiu a respostas e sugestões do PT e do PSDB, mas deu voz apenas a José Serra, candidato ao governo de São Paulo pelo PSDB.

JOSÉ SERRA: Foi organizada uma baixaria contra a minha campanha, porque eu estou bastante à frente nas pesquisas aqui em São Paulo. Então, os adversários organizaram uma grande baixaria. Essa baixaria agora tá sendo investigada pela Polícia Federal e pela Justiça, que realmente representa o caminho adequado para isso. Existem aí já R$ 1,7 milhão que apareceram transportados por gente ligada a partidos políticos e a eles vai caber explicar de onde veio esse dinheiro e qual era a finalidade.

Foram duas matérias na seqüência, com dois repórteres, sem a cabeça de formato normal do *JN*. O assunto começou a ser repercutido entre os candidatos. O candidato do PSDB acusou o PT com uma sonora de 17 segundos. O presidente Lula foi beneficiado com 35 segundos de sonora, mas sem explicações ou comprometimentos.

APRESENTADOR: Candidatos à Presidência comentaram a tentativa de venda do dossiê contra o ex-ministro José Serra.

ALCKMIN: É inacreditável que a política brasileira se converta nisso e o PT sempre por trás desse submundo do crime. Então é preciso mostrar o dinheiro, de onde veio isso, mostrar os criminosos, quem é o corruptor, e a quem serve isso.

LULA: Eu acho que o dossiê contra o Serra é um dossiê igual a tantos dossiês que circulam por esse país, o que eu acho abominável é as pessoas tentarem comprar notícias. Tem gente que acha que pode ser melhor que o outro se tiver uma denúncia maior do que a que ele foi vítima. Eu acho isso uma coisa absurda na política brasileira. Isso não ajuda o eleitorado a decidir no dia 1º de outubro, pelo contrário, vai deixando a sociedade com nojo da política, vai deixando a sociedade afastada das pessoas. Eu não conheço o teor do depoimento das pessoas, ou seja, e essa coisa, quando se trata de investigação da Polícia Federal, eu acho que um pouco de cautela e caldo de galinha não faz mal a ninguém, esperar o resultado para ver o que acontece.

Vianna revelou como foram esses dias de cobertura às vésperas da eleição: "[...] Cuiabá já tinha um repórter fixo lá da TV de lá. Aí mandaram um repórter aqui de São Paulo para reforçar a cobertura da investigação. Aqui ficou outro repórter com produtor, o Tralli com o produtor Robson Ceranto, designados para fazer o acompanhamento na PF. O Rodrigo Bocato foi para Cuiabá para acompanhar a investigação em Cuiabá. A cobertura começou a entrar nessa linha. Segunda-feira à noite um grupo de jornalistas aqui da Globo em São Paulo entrou na sala do diretor e perguntou: 'E aí, não vamos cobrir o outro lado? Não vamos mostrar o dossiê? Não vamos mostrar o Serra entregando ambulâncias? Por que não repercutimos a matéria da *IstoÉ*?' Aí veio a resposta: 'A *IstoÉ* é uma revista suspeita, ela está sob suspeita de ter sido comprada para essa matéria do Vedoin'. Está sob suspeita, mas já houve julgamento, alguém condenou a *IstoÉ*? Porque, quando a *Veja* dá a matéria, no dia seguinte nós colocamos no

JN. Para a *IstoÉ*, então, tem outro critério? *IstoÉ* não se repercute, repercute a *Veja*? 'Não, não vamos mexer nisso'. [...] Então a cobertura nesses quinze dias é, de um lado, cobrir a história do dossiê unilateralmente, quer dizer, condenando os aloprados e não mostrando o que era o dossiê; e, de outro lado, fazendo a cobertura dos candidatos de maneira que todos eles voltassem seus canhões contra a candidatura Lula e se esquecendo daquela regra de que não poderia haver crítica à candidatura nas entrevistas da cobertura do dia-a-dia" [7].

18 DE SETEMBRO
O *Jornal Nacional* começou com cinco manchetes do caso do dossiê. William Bonner mudou totalmente o aspecto daquele que fazia a apresentação da Caravana. Os textos também passam a ser mais bruscos. "Os homens do presidente Lula estão no centro do escândalo da compra dos dossiês", numa referência ao filme *Todos os homens do presidente*, que relatava o caso Watergate nos Estados Unidos. O caso provocou a renúncia do presidente Richard Nixon em 8 de agosto de 1974.[8]

A primeira matéria causou impacto, mostrou o assessor do presidente, Freud Godoy, como o maior suspeito de encomendar a compra do dossiê. Foram dois textos como cabeças em que o apresentador mudou de câmera (um recurso para o texto longo não ficar cansativo e chamar mais a atenção) antes de chamar a reportagem. Depois o mesmo recurso foi utilizado para outras notas e cabeças longas.

APRESENTADOR: Um assessor especial do presidente Lula e um homem contratado pelo PT para a campanha do presidente à reeleição estão no centro do escândalo da compra de dossiês.
REPÓRTER: O depoimento de Gedimar Passos, preso com o dinheiro que seria usado na negociata, transformou o assessor presidencial Freud Godoy no maior suspeito de encomendar a compra do material. O escândalo dos dossiês explodiu na semana

passada, com a prisão do chefe da Máfia dos Sanguessugas, Luiz Antônio Vedoin, e de mais três pessoas. (18/9/2006)

Em todas as matérias, as imagens das fotos espalhadas foram repetidas e os textos reproduziram palavras como "escândalo" e "negociata". As duas primeiras matérias duraram 7 minutos e 42 segundos e não foram usadas as palavras "Partido dos Trabalhadores", como eram usadas antes. Nesses dias passaram a usar "PT", em tom de descaso. O texto ainda dizia que o material serviria para "atacar" o candidato do PSDB: "o dossiê contra José Serra, contra o PSDB". O *JN* diferenciou, também, o tratamento aos dois partidos.

A entrevista de Freud Godoy ocorreu antes de seu depoimento na PF e, da forma como o repórter o questionou, era como se o acusado prestasse depoimento a ele.

REPÓRTER: O material que acabou apreendido seria negociado com o Partido dos Trabalhadores e serviria para atacar o candidato do PSDB ao governo de São Paulo, José Serra. O dossiê seria entregue em São Paulo a Valdebran Padilha, filiado ao PT e arrecadador de campanha em Mato Grosso. A missão de Valdebran era se certificar da existência do dinheiro que pagaria as informações de Vedoin. O outro preso, Gedimar Passos, disse que foi contratado pela Executiva Nacional do PT para fazer uma análise jurídica da documentação que seria negociada com os Vedoin.

Na narração, um dos repórteres falou que Freud confessou conhecer um dos detidos e já ter se encontrado com ele por quatro vezes, mas na entrevista não aparecem tais afirmações. As reportagens também parecem incoerentes quando uma mostra que "na secretaria particular da Presidência da República, em Brasília, trabalha um Freud Godoy, que, como disse Gedimar no depoimento, tem uma empresa de segurança". Outra já tem como afirmação que Freud Godoy, assessor do presidente, é o acusado:

REPÓRTER: Freud Godoy, acusado de mandar entregar quase R$ 2 milhões pela entrevista e pela montagem de um dossiê contra José Serra, apresentou-se à Polícia Federal no meio da tarde, em São Paulo.

O *JN* ainda enfatizou as relações do assessor diretamente com o presidente.

GODOY: Eu estou vindo por livre e espontânea vontade.

REPÓRTER: Antes, numa longa entrevista, Freud confirmou que conhece Gedimar Pereira Passos e que se encontrou com ele ao menos quatro vezes. Mas negou envolvimento na compra do material.

GODOY: Nem tenho conhecimento desse dinheiro, não tenho conhecimento da ação de Gedimar e fiquei sabendo dessa história hoje de manhã.

REPÓRTER: Freud relatou que o primeiro encontro foi há um mês, em Brasília, no Diretório Nacional do PT.

GODOY: Ele foi apresentado como funcionário do Diretório Nacional do Partido dos Trabalhadores.

REPÓRTER: Segundo Freud, quem o apresentou a Gedimar foi Jorge Lorenzetti, *funcionário* da campanha de Lula, fundador do PT e diretor-administrativo do Besc [Banco do Estado de Santa Catarina].

GODOY: O Jorge Lorenzetti pegou e me chamou para dar uma orientação a nível da segurança do comitê, que tinha acabado de ser montado.

REPÓRTER: Freud diz que ele e Gedimar foram ao comitê da campanha de Lula à reeleição para fazer uma varredura nas linhas telefônicas e contrataram a empresa Cazo, que é da mulher de Freud e que presta serviços ao PT.

Depois disso, segundo Freud, houve mais dois encontros para tratar do mesmo assunto.

GODOY: Nunca mais tive contato com essa pessoa. Não tenho relação anterior, nem vínculo de amizade com ele, de nada.

APRESENTADORA: Freud é filiado ao PT desde 1989. Trabalhou em todas as campanhas do presidente Lula e hoje é assessor especial da Presidência da República, lotado na secretaria particular da Presidência. Ele tem uma sala no Palácio do Planalto, no mesmo andar do gabinete de Lula. [Grifo nosso]

No mesmo dia ainda foram exibidas reportagens repercutindo o dossiê com o TSE, com os partidos de oposição e com os candidatos. Todos pediram para investigar se havia envolvimento do presidente Lula. O *JN* ainda expôs o presidente do PFL, Jorge Bornhausen, dizendo que não confiava na imparcialidade do ministro da Justiça, Márcio Thomaz Bastos.

REPÓRTER: A oposição quer que a Justiça Eleitoral investigue se há envolvimento do presidente Lula no caso do material que tenta incriminar Geraldo Alckmin, candidato à Presidência, e José Serra, candidato ao governo de São Paulo.

TASSO JEREISSATI: De onde vêm R$ 1,8 milhão, quase R$ 2 milhões, essa é a questão. Se tem envolvido ou não pessoas da intimidade da Presidência da República nesse ato ilegal, absolutamente ilegal e clandestino, coisa de submundo de crime que se liga a todo tipo de jogo sujo, que é lavagem de dinheiro.

REPÓRTER: O senador Jorge Bornhausen foi mais duro e questionou a isenção da Polícia Federal. Ele quer que o TSE comande toda a investigação do caso.

JORGE BORNHAUSEN: É muito grave a acusação, vem portanto do Palácio do Planalto a pista e nós queremos que o Tribunal Superior Eleitoral, que é obrigado a zelar pela vigilância do pleito, faça a investigação criminal, já que não confiamos na imparcialidade do ministro da Justiça. Porque ele já tem demonstrado que ele é o advogado criminalista do presidente da República.

Em outra matéria, o apresentador chamou o assessor de funcionário. Foi a primeira vez que se ouviu falar em funcionário de presidente. É um termo que demonstra um relacionamento mais íntimo e cumplicidade e foi usado como forma de fortalecer o envolvimento entre Godoy e Lula.

APRESENTADOR: Os outros candidatos à Presidência comentaram o escândalo provocado pela suspeita de que o dossiê contra candidatos do PSDB teria sido pago por *um funcionário do presidente Lula.*

ALCKMIN: É suspeito agora um assessor direto do presidente da República. Claro que precisa ser investigado e é gravíssimo.

HELOÍSA HELENA: Nós temos que identificar a origem do dinheiro para identificar quem são os criminosos que estão viabilizando esse tipo de dossiê.

CRISTOVAM BUARQUE: Em 2002, por menos que isso, o Sarney propôs observadores internacionais para fiscalizar a eleição. A gente tá chegando quase nesse ponto. [Grifo nosso]

A palavra "funcionário" e outras que descaracterizaram o episódio e os envolvidos talvez não estivessem nos textos originais dos editores ou repórteres. Ela pode ter sido inserida no fechamento ou durante a apresentação do telejornal, já que situações de ordem e de mudanças assim já ocorreram. Em 5 de abril de 2004, por exemplo, o editor-chefe do telejornal, William Bonner, exigiu que Beatriz Castro, repórter nacional da emissora do Recife, regravasse uma *passagem*[9] em matéria sobre os "sem-terra", trocando a palavra "ocupantes" por "invasores". A reportagem não foi exibida naquele dia, só no dia seguinte, como uma nota coberta.[10]

Outra situação que pode demonstrar a interferência direta do apresentador e editor-chefe é o fato de os apresentadores mudarem a cabeça da matéria, muitas vezes um texto de outro editor, no momento ou durante a apresentação do noticiário. *Scripts* à disposição em arquivos ou na página do telejornal foram modificados.

O telejornal do dia 18 de setembro teve, sem comerciais, 24 minutos e 15 segundos. Foram 12 minutos e 44 segundos sobre o dossiê, ou seja, mais de 50% do *JN*. De todos os telejornais analisados, só na entrevista ao vivo o tempo foi superior a dez minutos. Não havia ocorrido no *Jornal Nacional*, até então, matérias que durassem tanto tempo. As imagens repetidas das fotos que seriam usadas no dossiê relembravam os papéis do PT espalhados no cativeiro de Abilio Diniz em 1989 e as imagens do dinheiro encontrado pela PF no escritório de Jorge Murad, marido de Roseana Sarney, em 2002.

19 DE SETEMBRO

O telejornal desse dia teve 24 minutos e 42 segundos e foi praticamente todo sobre o dossiê. Nas manchetes foram 21 segundos de chamadas sobre o dossiê e 9 segundos sobre outros assuntos. O primeiro bloco do jornal teve 15 minutos, 59 segundos e apresentou seis matérias sobre o dossiê, sem contar as notas ao vivo. O telejornal teve mais três blocos com 3 minutos e 59 segundos, 2 minutos e 26 segundos, 2 minutos e 18 segundos. Ao todo, as matérias sobre o dossiê representaram 65% do telejornal. Além das matérias do dossiê e da repercussão com os candidatos, houve apenas uma nota da pesquisa do Datafolha, o VT diário do tempo, a Caravana *JN* e um bloco com notas internacionais incluindo a Petrobras e a Bolívia. Ou seja, fora o que já era obrigatório – pesquisa, tempo e Caravana –, foi um telejornal sobre as denúncias. É possível comparar a cobertura desse dia só com a do dia 15 de maio de 2006, em que quase todo o telejornal apresentou matérias relacionadas aos ataques em São Paulo e rebeliões em presídios pelo Brasil.

Nas matérias do dia 19, as informações foram as mesmas dos outros dias e acabaram se repetindo, juntamente com as imagens, mas o viés procurado pelo noticiário no dia foram as pessoas ligadas ao presidente que estariam envolvidas. O noticiário falou em "pessoas ligadas à campanha de Lula", "*Amigo* de Lula", Jorge Lorenzetti e Osvaldo Bargas, "*ligações estreitas*", "Mais uma pessoa ligada na *intriga*". Disse ainda que "o caso está revelando ao Brasil uma lista de personagens *obscuros* da política nacional" [grifos nossos]:

APRESENTADOR: A revista *Época* revelou hoje que foi procurada por dois integrantes da equipe de campanha do presidente Lula à reeleição que ofereceram um dossiê contra políticos do PSDB.
Jorge Lorenzetti é analista de risco e mídia da campanha – e amigo do presidente Lula. Osvaldo Bargas é responsável pelo capítulo de trabalho e emprego do plano de governo. Os dois têm ligação estreita com o presidente nacional do PT e coordenador da campanha, Ricardo Berzoini.
O escândalo da venda do dossiê contra o PSDB está revelando ao Brasil um lista de personagens obscuros da política nacional.

O enquadramento do telejornal revelou um exagero na cobertura das matérias. Nem durante todas as denúncias contra políticos exibidas durante 2005 e 2006 tais palavras foram usadas e com tanta ênfase.

20 DE SETEMBRO
As manchetes do telejornal do dia 20 de setembro duraram 29 segundos – foram cinco chamadas sobre o dossiê e uma sobre a CPI das Ambulâncias. O primeiro bloco inteiro (13 minutos e 13 segundos) tratou do dossiê. Foram sete matérias, variando de 56 segundos até 3 minutos. Os outros três blocos tiveram ao todo 9 minutos e 17 segundos, o que significa que mais da metade do noticiário foi novamente sobre o dossiê. Mais uma vez o telejornal apresentou, além das matérias sobre o dossiê, somente notas internacionais, tempo, o dia dos candidatos, a Caravana e o último bloco com 1 minuto e 13 segundos só sobre o basquete brasileiro na semifinal do Campeonato Mundial.
As matérias do dossiê tornaram-se repetitivas, sem muita novidade. Nesse dia, o telejornal foi pautado por matérias que mostraram a relação dos envolvidos com o governo: uma matéria de uma fundação ligada ao Ministério do Trabalho, que teria como sócio um dos acusados; a demissão do diretor do

Banco do Brasil, Expedito Afonso Veloso, acusado de envolvimento, e a saída de Ricardo Berzoini da coordenação da campanha de Lula.

APRESENTADOR: Uma fundação ligada a um dos envolvidos no escândalo dos dossiês teve um aumento de mais de vinte vezes nos repasses de recursos federais durante o governo Lula.
REPÓRTER: Na campanha do presidente Lula à reeleição Jorge Lorenzetti fazia a análise de riscos e mídia e apurava denúncias contra os adversários. Lorenzetti ajudou ainda a criar e foi um dos coordenadores da Fundação Unitrabalho, uma rede de universidades que desde 1996 faz estudos e pesquisas sobre o trabalho. Um dos parceiros da Fundação é o Ministério do Trabalho. Hoje, a Polícia Federal informou que está investigando repasses de recursos públicos para a Unitrabalho.

O site Contas Abertas, uma ONG que acompanha os gastos públicos, comparou quanto a Unitrabalho recebeu nos governos Fernando Henrique e Lula. De 1996 a 2002, a Fundação recebeu R$ 840 mil. De 2003 até agora, foram R$ 18,5 milhões: 22 vezes mais do que na gestão FHC – a maior parte dos convênios firmada com o Ministério do Trabalho. Só na última quinta-feira, o governo repassou para a fundação R$ 4,1 milhões.

A reportagem sobre a Fundação Unitrabalho deu números errados e teve de ser retificada no dia seguinte. Só que a correção já não teve o mesmo impacto, porque foi em uma nota ao vivo e de menos de trinta segundos:

APRESENTADOR: O ministro disse que os repasses de verbas federais para a Fundação não aumentaram vinte vezes durante o governo Lula. Segundo o ministro, no governo passado, a Fundação recebeu R$ 7 milhões – e não R$ 800 mil, como tinha divulgado a organização não governamental Contas Abertas.

Da mesma forma, o governo Lula contesta que tenha repassado R$ 18 milhões. Afirma que foram R$ 14 milhões. Ou seja: em menos de quatro anos, o dobro do que tinha sido destinado à Fundação num período de sete anos. (21/9/2006)

Além de dar números e fazer afirmações, as reportagens ouviram políticos e candidatos; as entrevistas, porém, não esclareceram.

REPÓRTER: O escândalo da compra de um dossiê contra José Serra provocou hoje uma reunião de emergência no Palácio da Alvorada, em Brasília. Entre os participantes, o presidente do PT, Ricardo Berzoini, ligado diretamente aos principais envolvidos no escândalo.

APRESENTADOR: O escândalo provocou hoje a demissão de um diretor do Banco do Brasil. Expedito Afonso Veloso foi apontado como um dos responsáveis pela elaboração do dossiê.
A casa, em clima de campanha, é de Expedito Afonso Veloso. Ele não foi encontrado. Funcionário de carreira do Banco do Brasil, até hoje ocupava o cargo de diretor de gestão de risco do banco. Expedito é filiado ao PT há dois anos e tirou férias para se dedicar à campanha do candidato à reeleição, Luiz Inácio Lula da Silva.

A edição do *JN* deu voz ao candidato ao governo de São Paulo pelo PT, Aloizio Mercadante, apontado como o responsável na tentativa de compra do dossiê, mas sutilmente o telejornal acabou favorecendo o candidato adversário, já que o deixou por último e destacou seu argumento. Mercadante afirmou que se deveria investigar também o conteúdo do dossiê, mas, como a entrevista foi anterior à do candidato José Serra, do PSDB, ficou diluída, sendo esquecida pelo telespectador.

REPÓRTER: O candidato do PT ao governo de São Paulo, Aloizio Mercadante, voltou a defender uma apuração rigorosa sobre os autores do dossiê que tentaria incriminar os candidatos tucanos. Mas disse que também é preciso investigar o conteúdo do material apreendido.

ALOIZIO MERCADANTE: As denúncias e os indícios, as eventuais provas documentais de envolvimento da administração anterior com a Máfia dos Sanguessugas, não podem ser jogados pra baixo do tapete. Uma coisa não substitui a outra, as duas investigações precisam acontecer na CPI dos Sanguessugas, no Ministério Público e na Polícia Federal.

REPÓRTER: José Serra, candidato do PSDB ao governo de São Paulo, diz que o dossiê é munição eleitoral. E que o PT precisa se explicar.

JOSÉ SERRA: Tratou-se de uma baixaria eleitoral, mais imediatamente pra beneficiar o candidato do PT em São Paulo. É algo que envolve dinheiro, R$ 1,7 milhão, cuja origem tem que ser explicada. Esse é o fator fundamental agora no nosso país.

No encerramento do bloco sobre o dossiê, leu-se uma nota sobre o mercado financeiro, com o dólar em alta e queda na Bolsa; a jornalista informou que, "segundo analistas", foi por causa do dossiê. Nesse dia, o *Jornal Nacional* deu valência positiva a Alckmin, quando mencionou seu programa de governo, que previa investimento na saúde, na educação, baixa de juros e uma forma de recuperar o dinheiro público roubado. Com um tempo da matéria bem superior aos outros, 1 minuto e 29 segundos, ante 18 e 29 segundos de Cristovam Buarque e Heloísa Helena, respectivamente.

REPÓRTER: [...] no discurso disse que, se for eleito, vai criar um grupo especializado em recuperar dinheiro público roubado. O candidato pediu rapidez na investigação das denúncias sobre a compra de dossiês pelo PT e criticou:

ALCKMIN: Essa é a pergunta que todos os brasileiros fazem. Como é que pode o presidente da República não saber do que se passa no seu andar, no seu prédio, no seu gabinete – como é que pode ele não saber? Mas que presidente da República é esse?

REPÓRTER: *Outros candidatos à Presidência voltaram a cobrar explicações sobre o dossiê.* Em São Paulo, a candidata do PSOL defendeu mudanças na política econômica. Na sede da Força Sindical, disse que a reforma trabalhista não pode mexer em direitos adquiridos. Em entrevista, Heloísa Helena afirmou que a atual crise política tem que ser resolvida pelo eleitor.

HELOÍSA HELENA: O povo brasileiro tem o direito de decidir quem fica ou não. Como mãe de família que ensina os meus filhos que é proibido roubar, eu espero não ver a vitória do banditismo político.

REPÓRTER: O candidato do PDT, Cristovam Buarque, fez campanha em Brasília. Andou pela rodoviária, distribuiu panfletos e pediu votos. No contato com eleitores, o candidato Cristovam Buarque defendeu medidas de combate à corrupção. São pontos que estão no programa de governo dele.

CRISTOVAM BUARQUE: Tratar a corrupção como crime hediondo, sem direito a nenhuma regalia, nenhuma prerrogativa. Acabar com a reeleição. A reeleição é um instrumento que induz à corrupção. É preciso que cada um que está indignado reaja. [Grifo nosso]

Observa-se que, na fala do repórter, ao chamar as entrevistas, ele disse que os candidatos voltaram a cobrar explicações sobre o dossiê, mas nada foi dito sobre o dossiê nas entrevistas.

21 DE SETEMBRO

Nesse dia, as matérias sobre o dossiê somaram 13 minutos e 13 segundos e chegaram a cinco, um número menor se comparado aos outros dias. O destaque foi a reportagem sobre as pessoas ligadas ao governo que foram afastadas. O tom do texto é pejorativo, sem a famosa seriedade histórica do telejornal. É uma narrativa que lembra um filme de ficção.

APRESENTADOR: *A operação para a venda do dossiê já derrubou sete pessoas ligadas ao PT e às campanhas do presidente Lula à reeleição e do senador Aloizio Mercadante ao governo de São Paulo. É uma história policial recheada de personagens com nomes curiosos e atividades suspeitas.*
REPÓRTER: Três prisões desencadearam a divulgação do escândalo. [...] Gedimar é analista de riscos e mídia do Partido dos Trabalhadores *e foi o primeiro a cair*. Nos depoimentos apareceu o nome de Freud Godoy, assessor especial da Presidência da República. *Na versão de Gedimar, Freud teria encomendado a compra do dossiê. Ele nega, mas foi demitido.*

Freud deu mais um nome: *Jorge Lorenzetti, amigo do presidente Lula e um dos chefes do comitê de reeleição, foi quem o apresentou a Gedimar.* Lorenzetti teria sido o mentor da operação. *Mais um que perdeu o cargo na campanha.*

O próximo a cair: Expedito Afonso Veloso. Diretor de gestão e risco do Banco do Brasil. Ele teria participado da negociação para a compra do dossiê.

Novos personagens entraram em cena. [...] *Bargas caiu.*

Segundo a revista [*Época*], Ricardo Berzoini, ex-ministro e coordenador-geral da campanha de Lula, sabia do encontro entre Bargas e o repórter, embora não soubesse do conteúdo. *Berzoini não resistiu.*

O último a cair foi do PT de São Paulo [...] *Hamilton Lacerda, coordenador de comunicação da campanha de Aloizio Mercadante em São Paulo* [...]. [Grifos nossos]

A matéria de Pedro Bial na Caravana também foi negativa para o candidato à reeleição, ao mostrar a crise na agricultura com juros altos e dólar baixo nos últimos quatro anos.

AGRICULTOR: De 1996 até 2002, o agronegócio, a agricultura como um todo, viveu uma época muito boa, uma fase muito boa. Nós, como os funcionários, a gente começou a ter condições melhores de trabalho, melhores salários e melhor qualidade de vida.

REPÓRTER: A falta de infra-estrutura para escoar os produtos, a carga tributária abusiva, a concorrência dos transgênicos e o dólar baixo levaram à crise. Agora, depois de quatro anos de crise, a saída está na diversificação. Além da soja, gado, milho e muito, muito algodão.

22 DE SETEMBRO

Na sexta-feira, 22 de setembro, o telejornal – pela quinta vez consecutiva – colocou as manchetes em torno do dossiê. O primeiro bloco abordou o episódio, com três VTs, que somavam, ao todo, 9 minutos e 20 segundos. As matérias tinham de 2 minutos e 10 segundos a 3 minutos e apareceram acusações também contra o PSDB em depoimentos. No entanto, a maneira como o *JN* tratou de nomes como Abel Pereira e o ex-ministro da Saúde, Barjas Negri, que substituiu Serra em 2002, não foi da forma vulgar como se referia a outros envolvidos.

REPÓRTER: [...] Lorenzetti mandou o ex-diretor do Banco do Brasil, Expedito Veloso, e o ex-funcionário do comitê de reeleição do presidente Lula, Gedimar Passos, para analisar os documentos. *Na versão dele*, Gedimar e Expedito disseram que *o empresário Abel Pereira* também teria ido a Cuiabá para comprar o dossiê de Vedoin. Segundo Lorenzetti, Abel seria o interlocutor de José Serra e de Barjas Negri, ex-ministro da Saúde.
RODRIGO MAIA [do então PFL-RJ]: A forma de atuação desse governo foi diferente do governo anterior. Neste governo, se *transportou para Brasília as piores práticas de se fazer política*. Foi criado o Mensalão – e a Máfia dos Sanguessugas nada mais foi, no governo Lula, do que uma variável do Mensalão. [Grifos nossos]

Nesse telejornal, houve ainda uma matéria positiva para o candidato Lula, que durou 1 minuto e 25 segundos:

REPÓRTER: A Fundação Getulio Vargas divulgou hoje um estudo, baseado em números do IBGE, que mostra a queda do nível de pobreza no Brasil nos três primeiros anos do governo Lula.

Em pelo menos três telejornais seguidos os repórteres que cobriram os candidatos colocaram em *off*[11] a frase "o candidato voltou a cobrar", mas, muitas vezes, quem o incitava era o repórter.

REPÓRTER: Nesta sexta-feira, os principais candidatos oposicionistas à Presidência *voltaram a cobrar* a investigação do escândalo do dossiê. Geraldo Alckmin falou sobre o escândalo do dossiê contra candidatos do PSDB. Disse que espera rapidez nas investigações. [...] ela [Heloísa] recebeu flores e voltou a falar sobre o escândalo do dossiê. [...] Cristovam Buarque voltou a falar da crise provocada pelo dossiê. [Grifo nosso]

25 DE SETEMBRO

Na edição do dia 25, o editor-chefe William Bonner encerrou a Caravana na região Centro-Oeste, no estado de Goiás, mas o caso do dossiê ainda era o destaque. O telejornal repercutiu uma expressão usada por Lula em 38 segundos de entrevista – quando ele falou em "bando de aloprados".

A expressão foi usada com evidência durante uma semana no *JN*. Percebe-se aqui o poder da edição, da seleção e do enquadramento. Ficou marcado que o presidente chamou os ex-companheiros de "aloprados", mas a frase "Esse dossiê deve ter coisa do 'arco-da-velha'", inserta na mesma entrevista, não foi mencionada nas chamadas.

APRESENTADOR: O presidente Lula chamou de aloprados os que se envolveram no escândalo da compra do dossiê contra políticos.
LULA: O que eu quero saber não é apenas de onde veio o dinheiro. Eu quero saber quem é que montou a engenharia política para essa barbárie que foi feita. Veja, porque, *se um bando de aloprados resol-*

veu comprar um dossiê, é porque alguém vendeu pra eles, que esse dossiê deve ter coisas do arco-da-velha. [Grifo nosso]

Outra matéria negativa para o candidato do PT, no mesmo dia, foi sobre a Máfia dos Vampiros, que condenou o ex-ministro da Saúde, Humberto Costa. No meio da matéria de quase dois minutos, há apenas uma fala afirmando que "há indícios de que o problema tenha começado no governo passado", mas a frase ficou "pulverizada" e o telespectador não teve tempo para assimilar sobre "governo passado".

Na Caravana, as matérias do dia focaram em dois pontos: a agricultura que movimenta a região, atingida pela aftosa; e o dólar baixo, atingindo exportadores de soja. "Nos últimos quinze anos, a área explorada com a agropecuária cresceu 110% na região. Mas há dois anos a confiança do setor foi abalada. Focos de febre aftosa derrubaram as exportações de carne e a desvalorização do dólar colocou no chão os preços da soja."

26 DE SETEMBRO

A primeira chamada do telejornal foi sobre o dossiê, com destaque para a origem e a necessidade de mostrar o dinheiro. A primeira matéria revelou que os dólares que seriam usados na compra do dossiê entraram legalmente no país. A reportagem se concentrou em torno de "emissários" do PT e acusações ao ministro da Justiça, Thomaz Bastos, envolvendo o candidato do PT e o partido.

A segunda reportagem do mesmo dia sobre o dossiê falou de Abel Pereira, ligado a Barjas Negri, mas não usou o nome do PSDB nem de Fernando Henrique Cardoso, e disse apenas "ministro da Saúde do governo anterior".

APRESENTADOR: Hoje a Polícia Federal abriu inquérito para investigar a participação *do empresário Abel Pereira* no escândalo.

REPÓRTER: Segundo a Polícia Federal, *Abel é o empresário Abel Pereira, ligado a Barjas Negri, ministro da Saúde do governo anterior*. O empresário Abel Pereira não quer gravar entrevistas. Ele é acusado por Vedoin de receber comissões para intermediar convênios entre o Ministério e a Planam para a venda de ambulâncias.

A Polícia Federal descobriu que Abel esteve num hotel em Cuiabá, dias antes de Vedoin ser preso, e investiga a hipótese de que o empresário tentou comprar o dossiê.

O procurador da República Mário Lúcio Avellar pediu hoje a quebra de sigilo bancário e fiscal de Abel Pereira e das empresas ligadas a ele.

O presidente da CPI dos Sanguessugas, deputado Antônio Carlos Biscaia, do PT do Rio, disse hoje que há provas contundentes do envolvimento do ex-ministro da Saúde, Barjas Negri, e do empresário Abel Pereira com a fraude das ambulâncias. [Grifos nossos]

Ainda nesse texto, o repórter enfatizou e relembrou que as pessoas presas estavam envolvidas com o presidente Lula e tirou conclusões sem comprovação, dizendo: *"Provavelmente*, no dia 14, dia em que foi preso, Valdebran mandou mensagem para Expedito". [Grifo nosso]

REPÓRTER: A troca de mensagens, a que o *Jornal Nacional* teve acesso, é entre Valdebran Padilha, *ex-arrecadador de campanha do PT* em Mato Grosso; e Expedito Veloso, ex-diretor de gestão de risco do Banco do Brasil, que estava *licenciado para trabalhar na campanha à reeleição do presidente Lula*. Os celulares foram municiados pela Polícia Federal. [Grifos nossos]

É possível observar como são persuasivas as palavras e o modo como o repórter utiliza as frases, relacionando o candidato com os acusados. As palavras mais fortes são as que permanecem na memória do telespectador, já que a característica da televisão é a *instantaneidade*.[12] A matéria do dia dos candidatos foi como nos outros dias, com chamadas para o escândalo do dossiê: "O escândalo da compra do dossiê e a proximidade das eleições elevaram o tom das declarações dos candidatos à Presidência e dos aliados".

Na reportagem do PSDB, destaque para Fernando Henrique Cardoso dizendo que Lula é o demônio. Alckmin está dando entrevista a jornalistas estrangeiros, mas é estimulado a falar sobre o dossiê e repete que Lula não consegue saber de onde vem o dinheiro.

29 DE SETEMBRO

O telejornal do dia 29 foi o primeiro depois do término do horário eleitoral; portanto, estava bem maior e pôde extrapolar o horário. Foram mais de 40 minutos *líquidos*[13] de jornal e, mesmo assim, a direção optou por não dar uma palavra sobre o maior acidente aéreo do Brasil.

> As primeiras informações sobre o desaparecimento de um avião nos chegaram quando o JN já estava havia muito no ar (o telejornal teve início às 20 horas). Imediatamente, nossas equipes saíram à cata de informações, que eram escassas e sem confirmação. Seria um avião de passageiros que estava desaparecido ou atrasado? Ele era da Gol ou da Embraer? Ele sumiu em Mato Grosso, indo para Brasília, ou no Pará, indo para Manaus? Em nossas redações, foi aquela correria, mas todos tínhamos uma convicção: só poríamos a informação no ar quando tivéssemos certeza dela. (Kamel, 2006)

A alegação foi de que a emissora não tinha informações confirmadas, mas, no dia seguinte, a reportagem de Delis Ortiz mostra a contradição: em seu relato ela diz que, por volta das 18 horas, já se sabia que o avião tinha desaparecido.

DELIS ORTIZ, REPÓRTER: Longa espera por respostas começou pouco depois das 18 horas de ontem, horário previsto para a chegada do vôo 1907 a Brasília. O painel orientava os parentes a procurar a companhia aérea, que informou sobre o sumiço do avião. Drama que se repetiu nos aeroportos de Manaus e do Rio de Janeiro. (29/9/2006)

Nesse dia, a maioria das reportagens foi em torno da própria emissora; foram matérias sobre o debate com os candidatos, promovido no dia anterior, e sobre a conquista da imagem dos dólares que seriam usados na compra do dossiê. Os principais candidatos tiveram em média um minuto de aparição. Para Lula, reservaram mais de sete minutos e sempre com citações em relação ao escândalo do dossiê.

O apresentador abriu o telejornal com um semblante amistoso, ao falar do debate, e, depois, mais sisudo, disse que Lula não compareceu. As matérias sobre os candidatos mostraram *flashes*, sorrisos e uma cadeira vazia. Mostrou também eleitores por todo o Brasil "atentos" – a Globo instalou TVs em bares e locais públicos e gravou nesses lugares. A ausência do candidato Lula foi criticada pelos presidenciáveis Alckmin, Heloísa Helena e Cristovam Buarque em 27 segundos de entrevistas, embora dentro das regras do debate estivesse claro que trechos não poderiam ser usados em telejornais, para que não se repetisse o que aconteceu em 1989 no debate entre Collor e Lula.[14]

As fotos do dinheiro foram o destaque da edição. Os dólares e reais apareceram repetidas vezes em todas as matérias sobre o dossiê.

APRESENTADOR: *O retrato mais nítido do escândalo do dossiê foi divulgado hoje ao Brasil*: são 23 fotos do dinheiro que seria usado para comprar material contra políticos. Em moeda nacional e em dólares, *o correspondente a R$ 1,7 milhão.*

O dinheiro foi fotografado em uma empresa que guarda valores em São Paulo. *É o equivalente a R$ 1,7 milhão.* Os maços de reais e dólares foram apreendidos num hotel, no dia 15, uma sexta-feira.
A quantia *seria usada por petistas* para comprar um dossiê *contra políticos do PSDB*. [Grifos nossos]

Houve uma reportagem sobre a repercussão da imagem do dinheiro. Foram ouvidos o presidente do PFL, do PSDB, o coordenador da campanha do presidente Lula e o ministro da Justiça. A divulgação das fotos também foi repercutida com os candidatos. Os repórteres estavam pautados para perguntar sobre a exibição do dinheiro.

REPÓRTER: Geraldo Alckmin *voltou a cobrar* maior atividade na investigação sobre o dossiê e *falou sobre o dinheiro* apreendido com petistas.
A candidata [Heloísa Helena] falou sobre as fotos do dinheiro que seria usado por petistas para a compra do dossiê.
O candidato do PDT, Cristovam Buarque, passou a tarde fazendo campanha em Brasília. Andou de metrô. Em um *shopping* da cidade, percorreu lojas e cumprimentou eleitores. E também comentou a divulgação de fotos do dinheiro apreendido com petistas. [Grifos nossos]

O *Jornal Nacional* utilizou-se, em suas edições e gravações, de denúncias, do mesmo modo que se utilizou também no caso do dossiê, mas na revelação sobre a liberação das fotos o telejornal se omitiu, conforme Vianna[15]: "O delegado chama os quatro jornalistas, *Estadão*, *Folha*, Globo e Rádio Jovem Pan, e fala: 'Eu estou aqui com as fotos', e aí tem toda aquela conversa que alguns desses quatro jornalistas gravaram e ele deixa claro: 'Eu vou fazer de conta que foi roubada da minha mesa, chegou a vocês não se sabe como'. [...] a gravação do delegado não sai, as circunstâncias nas quais o delegado vazou as fotos não saem. A Globo tinha essa gravação".

30 DE SETEMBRO

No dia 30, o telejornal deu mais cobertura ao acidente aéreo do que ao dossiê. Mesmo assim, repetiu a imagem do dinheiro e informou que o delegado assumiu a responsabilidade por ter divulgado as imagens. A matéria foi repercutida com os candidatos.

O último telejornal antes da eleição enfatizou o resultado das últimas pesquisas do Ibope e do Datafolha, que informavam sobre a possibilidade de segundo turno.

APRESENTADOR: O Ibope divulgou hoje a última rodada de pesquisa de intenção de voto, encomendada pela TV Globo, sobre a corrida presidencial. A pesquisa foi feita depois da realização do debate entre presidenciáveis da TV Globo, na quinta-feira.

Segundo o Ibope, pela primeira vez a soma dos demais candidatos supera o percentual atingido pelo presidente Lula, do PT – em um ponto percentual, tanto nos votos válidos quanto nos votos totais. O que, segundo o Ibope, aumenta a chance de um segundo turno.

Números da última pesquisa do Instituto Datafolha sobre a intenção de voto para presidente, encomendada pela TV Globo e pelo jornal *Folha de S.Paulo*. A pesquisa também foi feita depois do debate na TV Globo. Segundo o Datafolha, o presidente Lula tem o mesmo percentual de votos válidos que a soma de seus adversários. O que, segundo o Datafolha, aumenta a possibilidade de um segundo turno com Geraldo Alckmin, do PSDB.

Lula caiu, em duas semanas, de 51% das intenções de voto para 45%, e Alckmin subiu de 27% para 34%. O resultado da análise de conteúdo nesse período que antecede a eleição em primeiro turno confirma que o telejornal foi enfático na transformação do caso do dossiê em um escândalo político. Se antes a edição das matérias para o telejornal era feita nas emissoras afiliadas, logo depois da prisão dos suspeitos do caso, na segunda-feira, dia 18, ela passou a ser centralizada. "A escolha do que vai entrar passou a ser feita muitas vezes pelo editor no Rio de Janeiro, sob orientações, imagino, do diretor, da direção de jornalismo. Então, passou a haver um controle maior dos trechos do editor-chefe. [...] Começa a haver o que a gente chama aqui em São Paulo de contrabando. Tem contrabando na matéria."[16]

A amostra revela que a cobertura persuasiva com textos unilaterais contribuiu, como outras mídias, para o resultado da eleição em primeiro turno. Esses quinze dias não mudaram o eleitorado inteiro, mas o candidato do PT perdeu eleitores. O suficiente para levar a eleição para o segundo turno.

4º PERÍODO: SEGUNDO TURNO (OUTUBRO)

Na pesquisa em relação ao segundo turno foram estudados 17 telejornais, no período de 2 a 28 de outubro, com a análise de 53 matérias. Era perceptível um maior equilíbrio entre os dois candidatos eleitos para o segundo turno: Lula e Alckmin.

A cobertura do *JN* foi fria, se comparada aos últimos dias do primeiro turno. Foram poucas matérias de eleições, praticamente só a agenda dos candidatos, e o destaque político continuou sendo o dossiê. Com uma abordagem superficial, e mesmo estando na véspera do segundo turno, o *JN* apresentou apenas quatro matérias sobre eleições, incluindo o dia dos candidatos e pesquisas.

A tabela 33 demonstra que, mais uma vez, foram destinadas mais matérias ao candidato à reeleição. No entanto, a diferença entre os dois não foi tão grande quanto em outros períodos, principalmente no final do primeiro turno.

Os números apontam que a diferença foi de nove matérias e cerca de 17 minutos em favor de Lula. No período anterior, o candidato do PT teve o dobro de matérias dos outros candidatos e cerca de uma hora a mais. No entanto, em relação às sonoras, incluídas na tabela 34, constata-se o contrário, pois Lula teve quatro vezes menos sonoras que Alckmin e, dos mais de 50 minutos de matéria, foram apenas 49 segundos de fala, representando menos de 2% do tempo total das matérias.

TABELA 33 – NÚMERO E TEMPO DE MATÉRIAS POR CANDIDATO – 4º PERÍODO

Candidato	Número de matérias	Percentual do total	Tempo das matérias
Geraldo Alckmin	22	41,5	33m32s
Luiz Inácio Lula da Silva	31	58,49	50m54s
Total das matérias	53		84m36s

Das 31 matérias que apresentaram qualquer referência à candidatura, somente em quatro ele deu entrevista. O candidato do PSDB falou em dezesseis das 22 matérias em que apareceu, ou seja, em mais de 72% dos casos.

TABELA 34 – NÚMERO E TEMPO DE SONORAS POR CANDIDATO – 4º PERÍODO

Candidato	Matérias	Sonoras	Percentual do número total nas matérias	Tempo das sonoras	Percentual do tempo total nas matérias
Geraldo Alckmin	22	16	72,72	4m14s	12,62
Luiz Inácio Lula da Silva	31	4	12,9	49s	1,6

Essas informações mostram desequilíbrio no tratamento em relação às entrevistas. O candidato Lula só deu entrevista ao *JN* um dia depois do primeiro turno, fazendo avaliação da votação, na antevéspera e na véspera do segundo turno, antes e depois do debate promovido pela Globo, no dia 27 de outubro. Os dados sobre as valências das matérias demonstraram que Alckmin teve

59% das reportagens com visibilidade positiva; Lula, pouco mais de 51%. O mesmo equilíbrio aconteceu no percentual das matérias consideradas negativas. Alckmin teve 36% de matérias negativas em 17 telejornais, e Lula, pouco mais de 38%. Alckmin, apesar de ter tido mais de 72% de VTs com sonoras, apresentou o maior índice de valências negativas de todos os períodos analisados, comprovando mais uma vez que nem sempre depoimentos por meio de sonoras trazem visibilidade positiva e evidenciando uma mudança no discurso do telejornal ao fazer a cobertura do candidato.

A tabela 35 traz essas informações e assinala também que o segundo turno, apesar de mais equilibrado em relação aos outros períodos estudados, foi bem diferente de 2002, quando os dois candidatos tiveram exatamente a mesma cobertura com o mesmo número de matérias e sonoras.

TABELA 35 – VALÊNCIA DAS MATÉRIAS POR CANDIDATO – 4º PERÍODO

Candidato	Valência das matérias					
	Positiva		Negativa		Neutra	
Geraldo Alckmin	13	59,09%	8	36,36%	1	4,55%
Luiz Inácio Lula da Silva	16	51,61%	12	38,71%	3	9,68%

Nesse período, praticamente não houve matérias consideradas neutras, que apenas mostravam o dia-a-dia dos presidenciáveis. As reportagens que se referiam às eleições ou aos candidatos relacionavam assuntos do governo com denúncias contra pessoas dos partidos. Lula apareceu em três matérias consideradas neutras e Alckmin teve uma neutra entre as 22 apresentadas sobre ele.

Um dia depois das votações do primeiro turno, já começava a campanha do segundo. O candidato Lula, apontado como presidente reeleito no primeiro turno, surpreendeu-se com o segundo turno. Foi exibido desabafando, e a repórter enfatizou: "O candidato estava decepcionado". "O presidente Lula acompanhou a contagem dos votos no Palácio da Alvorada ao lado do vice, José Alencar, e dos seus principais ministros e assessores. Ficou decepcionado com o resultado."

Na seqüência, a repórter deu outra fala de Lula contradizendo o que mostrou antes. "À tarde, no Palácio da Alvorada, e bem-humorado, o candidato agradeceu aos eleitores que votaram nele e deu uma explicação bastante simples para a realização do segundo turno":

LULA: Faltou voto para a gente ganhar no primeiro turno. Certamente não vai faltar para a gente ganhar no segundo, só isso. Vai demorar apenas um pouco mais para a vitória. Obviamente que todos os candidatos gostariam de ter ganho as eleições no primeiro turno, mas nem sempre a sabedoria popular permite que isso aconteça. (2/10/2006)

Minutos depois da entrevista já circulava na rede de computadores e nos endereços eletrônicos uma frase distorcida e negativa para o candidato: "É lógico que todos os candidatos gostariam de ganhar as eleições no primeiro turno, mas, infelizmente, pela falta de sabedoria dos eleitores isso nem sempre é possível".

O candidato do PSDB, logo no início da campanha do segundo turno (terça, 3/10), foi exposto negativamente em função de um incidente que envolvia o apoio do casal Garotinho: "À tarde, o candidato do PSDB recebeu o apoio da governadora Rosinha Matheus, do Rio de Janeiro, e do ex-governador Anthony Garotinho. Os dois do PMDB do Rio de Janeiro, estado onde Geraldo Alckmin ficou em segundo lugar no primeiro turno".

Na quarta-feira (4/10), vieram as reações ao anúncio do apoio: "A candidata ao governo do Rio pelo PPS, Denise Frossard, desistiu de apoiar o candidato à Presidência do PSDB. Ela mandou avisar a Alckmin que não é para ele usar mais a imagem dela".

REPÓRTER: O prefeito do Rio de Janeiro, Cesar Maia, que é do PFL, partido da coligação de Alckmin, protestou.

CESAR MAIA: Isso foi uma medida que absolutamente contraria os interesses da candidatura do Alckmin. Nós não podemos estar no miolo de uma campanha que começa completamente equivocada.

REPÓRTER: Em Brasília, uma reunião da Executiva Nacional do PFL decidiu escalar o vice de Alckmin, José Jorge, para tentar apagar o incêndio. O presidente do PFL, o senador Jorge Bornhausen, falou em conciliação.

BORNHAUSEN: Nós estamos procurando ver se conseguimos manter um ritmo de campanha que permita a vitória do Alckmin e procurar um caminho de superação de obstáculos. (4/10/2006)

No dia 5 de outubro, dá-se o encerramento da polêmica:

REPÓRTER: No Rio de Janeiro, o presidente do PPS, Roberto Freire, teve um encontro com a candidata do partido ao governo do estado. Denise Frossard tinha se afastado da campanha do tucano depois que Alckmin recebeu o apoio do casal Garotinho. Mas, depois de conversar com Freire, a candidata retomou o apoio a Alckmin. (5/10/2006)

Depois, no dia 12, dia da Padroeira do Brasil, houve outra cobertura negativa do noticiário para Alckmin. Durante visita ao Santuário de Aparecida, quase começou uma discussão com o senador Eduardo Suplicy durante uma entrevista coletiva com outras autoridades.

REPÓRTER: O senador Eduardo Suplicy, do PT de São Paulo, cobrou dos candidatos à Presidência respeito nos próximos debates. Suplicy também disse que o programa Bolsa Família – do governo federal – exige, sim, contrapartidas, ao contrário do que afirmara o ex-governador de São Paulo. (12/10/2006)

Nas primeiras semanas do segundo turno, o *JN* ainda repercutia o caso do dossiê, que tomava boa parte do telejornal. Entretanto, o discurso era mais ameno, sem adjetivos pejorativos e de acusação. Falava-se em crime eleitoral, não em escândalos; e aqueles que antes eram chamados simplesmente de petistas agora eram tratados por empresários: "O empresário petista Valdebran Padilha voltou a depor hoje, em Cuiabá"; "Gedimar e mais cinco pessoas respondem *à representação que apura se houve crime eleitoral* no caso do dossiê contra políticos".

Os VTs ainda repetiam imagens das fotos, do material apreendido e do dinheiro, mas corrigiam informações não comprovadas dadas no final de setembro. Afirmavam, por exemplo, que Gedimar Passos não era do PT.

REPÓRTER: Gedimar Passos foi preso em um hotel em São Paulo com parte dos R$ 1,7 milhão que comprariam o dossiê contra políticos tucanos. Na defesa, os advogados dele argumentam que ele não é, e nunca foi, filiado a nenhum partido político.

Gedimar Passos foi contratado para trabalhar no comitê de reeleição de Lula por Jorge Lorenzetti, ex-chefe do grupo de análise de risco e mídia da campanha do presidente. A missão dele no episódio do dossiê seria analisar e atestar a autenticidade dos documentos. (10/10/2006)

Mais um exemplo de como o tratamento mudou: no dia 26 de outubro, às vésperas do segundo turno, donos de casa de câmbio por onde passou o dinheiro que seria usado na compra do dossiê foram indiciados e a Polícia Federal afirmou suspeitar que o dinheiro fosse de um caixa dois de campanhas do PT. Ao contrário de outras vezes, nem o fato nem a frase da PF foram explorados, tampouco usados na cabeça e nas chamadas das matérias – ficaram diluídos na narração do repórter.

APRESENTADOR: A Polícia Federal identificou em Varginha, Minas Gerais, um homem apontado como responsável por levar reais aos emissários do PT que comprariam o dossiê contra políticos.
REPÓRTER: No Rio, foram indiciados os donos da corretora Vicatur.
[...] Hoje a polícia conseguiu uma pista importante: num depoimento em Varginha, Minas Gerais, descobriu que um laranja sacou R$ 250 mil em Pouso Alegre e levou o dinheiro para o hotel Ibis, em São Paulo, onde estavam os emissários do PT prontos para comprar o dossiê.
A polícia acredita que a maior parte dos recursos tenha vindo de caixa dois, dinheiro de campanha do PT não declarado. (24/10/2006)

Nas últimas duas semanas antes do segundo turno, o telejornal voltou a ser espelhado normalmente, com notas ou reportagens de assuntos internacionais, matérias não factuais e a agenda dos candidatos. Os VTs sobre política invariavelmente falaram do dossiê, mas eram apenas um ou dois por dia. Sobre eleições, diretamente, havia apenas a agenda dos candidatos, comprovando o total equilíbrio no número de matérias, como já foi apontado.

Os VTs sobre a denúncia no caso do dossiê também atingiram o candidato do PSDB. Apareceram novos episódios envolvendo pessoas ligadas ao partido, e citava-se até mesmo o nome do ex-presidente Fernando Henrique Cardoso. Essa característica nas abordagens do segundo turno justifica o aumento das valências negativas para Alckmin.

REPÓRTER: *O empresário Abel Pereira* depôs hoje na Polícia Federal em Cuiabá e disse que a família Vedoin ofereceu a ele um dossiê contra o candidato derrotado ao governo de São Paulo, Aloizio Mercadante, do PT.
REPÓRTER: Abel Pereira é acusado de atuar na *liberação de emendas para a Máfia dos Sanguessugas durante o governo de Fernando Henrique Cardoso.* A acusação contra Abel foi feita pelos chefes

do esquema Darci e Luiz Antônio Vedoin, os donos da Planam. Segundo eles, *o empresário atuava nos negócios entre a quadrilha e o Ministério da Saúde, na gestão de Barjas Negri, do PSDB, no governo Fernando Henrique.*

REPÓRTER: No depoimento, Abel Pereira negou que tivesse qualquer relação com Barjas Negri em 2002, período em que o tucano ocupou o Ministério da Saúde. Disse que não prestou assessoria para o Ministério. [Grifos nossos] (20/10/2006)

REPÓRTER: A Polícia Federal informou hoje que foi uma farsa o depoimento dado por um suposto laranja no escândalo do dossiê. O homem depôs ontem em Varginha, Minas Gerais, e disse que havia transportado R$ 250 mil para os emissários petistas que comprariam o dossiê. [...] Foi a secretária-executiva do PSDB de Pouso Alegre, Roseli Pantaleão, que, segundo a polícia, levou Luiz Armando para depor. Roseli também está sendo investigada. Hoje se defendeu e disse que foi enganada por Luiz Armando.

ROSELI PANTALEÃO: Quando eu liguei para a PF, eu não liguei por motivos políticos, eu liguei para não acobertar um crime. (27/10/2006)

O crescimento das valências positivas para Lula em relação a outros momentos analisados ocorreu porque o telejornal optou por mostrar o candidato mais diretamente na campanha, em comícios, corpo-a-corpo e em ações positivas do governo. Também deu visibilidade ao seu discurso praticamente todos os dias.

REPÓRTER: À tarde, o presidente Lula participou de uma cerimônia com a presença de catadores de papel e moradores de rua, no Palácio do Planalto.

REPÓRTER: O presidente ouviu a experiência de quem tira do lixo o seu sustento. Recebeu o abraço de representantes dos moradores de rua e se emocionou.

Lula ganhou uma miniatura feita de ferro-velho. O presidente anunciou linha de crédito para cooperativas de catadores de lixo.

LULA: Em que momento da história um catador de papel pôde usar a tribuna num palácio governamental? O Brasil aos poucos vai sedimentando práticas e exemplos que podem ajudar numa conquista da democracia no mundo. O preconceito não pode ser reciclado. Ele tem que ser exterminado. (25/10/2006)

REPÓRTER: O último comício de Lula foi no Largo São José, periferia de São Paulo. Lula voltou a dizer que, em um segundo mandato, vai dar prioridade aos pobres, à reforma agrária e à geração de empregos. E admitiu que houve erros no governo.
LULA: Humildemente eu reconheço que nós erramos. Mas, humildemente, eu reconheço que, com tudo de errado que nós fizemos, esse país melhorou de forma extraordinária se comparado aos oito ou dez anos do governo deles. (26/10/2006)

REPÓRTER: Em Brasília, os militantes chegaram cedo para a festa de aniversário. O presidente Lula caminhou até a calçada do Palácio da Alvorada. Ganhou cesta de produtos agrícolas e muitos abraços. Carregou crianças, posou para fotos, distribuiu autógrafos.
    Na hora de soprar as velas, pediu ajuda. Lula afirmou que a eleição não está ganha e revelou que presente espera ganhar.
LULA: Eu ficarei eternamente grato se o povo brasileiro mais uma vez for generoso e me der o seu voto de confiança. Obviamente é um presente, sabe, que eu só posso agradecer a Deus. (27/10/2006)

   Alckmin foi mostrado em comícios, encontros e já não aparecia tanto na rua. Nas entrevistas ainda enfatizava promessas e o discurso da não-privatização.

REPÓRTER: O almoço, num clube da Zona Oeste de São Paulo, foi para arrecadar recursos para a campanha do PSDB.
    Depois, empresários, artistas, políticos e sindicalistas participaram de ato público em defesa da candidatura de Geraldo Alckmin.

Alckmin atacou os adversários que, segundo ele, apostam na divisão do país entre ricos e pobres. O candidato disse que, nesta última semana de campanha, vai insistir no tema da ética e do combate à corrupção.

ALCKMIN: Esse é um dever de todo brasileiro, é um dever da sociedade brasileira não permitir, não achar que é normal tudo isso. O que leva à corrupção, ao crime do colarinho-branco é a impunidade. Saber que não vai dar em nada. Isso é que não pode acontecer. (23/10/2006)

REPÓRTER: O candidato do PSDB participou de uma reunião com sindicalistas, empresários e trabalhadores do pólo industrial. Disse que pretende investir na área do turismo e de segurança das fronteiras e se comprometeu com a manutenção dos incentivos fiscais das indústrias de Manaus. Ele entregou uma carta-compromisso aos empresários.

ALCKMIN: Nós vamos manter o incentivo. Porque o pólo industrial de Manaus foi um modelo de sucesso. Ele ajudou a preservar a Floresta Amazônica e abriu uma oportunidade de emprego para a população. São cem mil empregos diretos que são gerados, fora os empregos indiretos. Então, nós temos que preservar a competitividade, a vocação da alta tecnologia para o Amazonas. (26/10/2006)

No dia 18, ele apareceu com uma camiseta que exibia logomarcas de várias empresas estatais.

Alckmin voltou a dizer que não pretendia privatizar empresas estatais. E defendeu a privatização feita no governo Fernando Henrique. Com funcionários do Banco do Brasil, vestiu camiseta, boné e agasalho com os símbolos de empresas estatais.

A pesquisa apontou, por meio das valências, que a cobertura da eleição de 2006 teve tendências que variaram ao longo da campanha: desde o destaque às matérias que contribuíram para a desistência da candidatura de Garotinho, a cobertura crítica do governo Lula, os quinze dias de campanha em torno do "escândalo do dossiê", prejudicando a campanha do PT, até a virada no segundo turno, com uma cobertura mais amena, evitando privilégios e dando voz ao então candidato Lula. Na opinião de Vianna, a desconstrução da imagem do candidato à reeleição ao final da campanha para o primeiro turno foi evidente: "[...] manipulação foi lá atrás, no debate do Lula com o Collor, aquilo lá foi um dia e foi explícito. Desta vez foi algo muito mais tênue. Desconstrução de uma campanha; mais do que uma construção do Alckmin, foi uma desconstrução do Lula, tanto é que aí vem o segundo turno e o Alckmin se desconstrói sozinho".[17]

A amostra do *JN* confirmou a sutileza da Rede Globo no processo. A emissora preparou uma cobertura movimentada, mas se destacou na autopromoção. Procurou uma abordagem quantitativamente equilibrada, em nome da "ética e cidadania", mas não conseguiu, como na cobertura das eleições de 2002. Nesta eleição, manteve a unilateralidade em vários momentos – confirmados pela pesquisa. Um candidato-presidente fez diferença, e a ânsia por denunciar escândalos e mostrar a crise política provocou o desequilíbrio no discurso.

∞

Notas
1 *Matérias de gaveta*: no jargão jornalístico, são aquelas reportagens que não perdem a atualidade, são não factuais, "frias", normalmente preparadas e guardadas para ser utilizadas em qualquer oportunidade.
2 Constituição Federal, artigo 14, § 6º.
3 Os sanguessugas faziam parte de um grupo que operava em todo o país para desviar dinheiro público destinado à compra de ambulâncias. Em 4 de maio de 2006 a PF deflagrou a Operação Sanguessuga para desarticular o esquema. Segundo a PF, havia a participação de deputados que apresentavam emendas individuais para conseguir recursos na compra de ambulâncias para municípios. As licitações eram fraudadas, e a compra, superfaturada. O lucro era dividido entre os participantes da fraude.
4 Rodrigo Vianna, em entrevista à autora; São Paulo, 28 de fevereiro de 2007.
5 *Praça*: termo usado pela Rede Globo para definir uma emissora afiliada.
6 Rodrigo Vianna, em entrevista à autora; São Paulo, 28 de fevereiro de 2007.

7 Rodrigo Vianna, em entrevista à autora; São Paulo, 28 de fevereiro de 2007.

8 Watergate, um dos maiores escândalos políticos dos Estados Unidos, foi o caso de escuta ilegal na sede do Partido Democrata, no edifício Watergate, em Washington, por pessoas ligadas ao governo Nixon. Denunciado pelos jornalistas do *Washington Post*, Bob Woodward e Carl Bernstein.

9 *Passagem do repórter*: gravação feita pelo repórter no local do acontecimento, com informações, para ser usada no meio da matéria. A passagem reforça a presença do repórter na cobertura e, portanto, deve ser gravada no desenrolar do acontecimento.

10 Fato presenciado pela pesquisadora e um grupo de alunos de jornalismo durante a reunião de pauta do *JN* na redação da TV Globo no Rio.

11 *Off*: texto gravado pelo repórter ou apresentador para ser editado com as imagens da reportagem (Paternostro, 1999, p. 146).

12 Pela própria característica dos veículos – instantaneidade –, o receptor deve "pegar" a informação de uma só vez (Paternostro, 1999, p. 66; Curado, 2002, p. 64).

13 *Tempo líquido*: expressão usada para designar o tempo do telejornal descontando os intervalos comerciais.

14 O debate de 1989 foi discutido no capítulo 3, "As eleições presidenciais de 2002".

15 Rodrigo Vianna, em entrevista à autora; São Paulo, 28 de fevereiro de 2007.

16 Rodrigo Vianna, em entrevista à autora; São Paulo, 28 de fevereiro de 2007.

17 Rodrigo Vianna, em entrevista à autora; São Paulo, 28 de fevereiro de 2007.

Considerações finais

Por sua conduta em momentos como os analisados aqui, a televisão se apresenta como o meio de comunicação de maior impacto na sociedade. No Brasil, ela predomina não só pela capacidade de penetração, mas por ser o veículo que mais recebe investimentos publicitários. O telejornalismo é, por suas características e objetivos, um dos programas mais importantes e de maior credibilidade da televisão brasileira. Entretanto, nem sempre cumpre o papel de informar de forma isenta, como manda a ética do bom jornalismo.

O *Jornal Nacional*, além de ser o telejornal mais antigo, é o mais assistido do país e um dos programas de maior audiência da Rede Globo. Mesmo longe dos cerca de 80% de audiência que já teve no final dos anos 1980, o *JN* continua mantendo a supremacia sobre os telejornais brasileiros – desde 2001 os índices estão em torno de 40% na Grande São Paulo.[1] É comum, em todo o território nacional, as pessoas estarem em casa propositadamente no horário das 20h15 para assistir, no *JN*, às imagens de algum acontecimento que ouviram pelo rádio ou em conversa de rua. E é bem possível que, às 8 horas da manhã do dia seguinte, milhões de pessoas estejam conversando e retransmitindo as versões de fatos apresentados pelo *Jornal Nacional* do dia anterior.

O *agendamento*[2] pela mídia ainda está presente de maneira muito forte em todo o Brasil e se faz em grande parte pelo telejornal. É possível que, em regiões mais desenvolvidas economicamente, a penetração do maior telejornal do país esteja perdendo espaço para outros veículos, como a internet; no entanto, o *Jornal Nacional* está em 99,84% dos municípios brasileiros, por meio das 121 emissoras geradoras e afiliadas da Rede Globo, enquanto a internet atinge pouco mais de 13% dos domicílios.[3]

A abrangência do *Jornal Nacional*, a capacidade de persuasão do noticiário e a possibilidade de interferência em um processo eleitoral são temas discutidos neste livro e constituem a motivação da pesquisa desenvolvida. Os elementos e características próprios de um telejornal possibilitam, ao apresentador ou editor, a transmissão de mensagens com o enquadramento e/ou seleção segundo o ponto de vista do emissor. Ao escolher uma fala de uma sonora ou entrevista, é possível recolher palavras positivas ou negativas, enquadrar um ponto de vista simpático ou antipático e usar dois pesos e duas medidas, inserindo o "corte" ideal.

Na pré-produção da matéria, quando é elaborada a pauta, o pensamento e a orientação da direção podem estar explícitos na cobertura. Em muitos casos, o próprio repórter informa o entrevistado sobre o fato que quer repercutir, usando uma carga de intencionalidade nas perguntas – determinante no objetivo de captar uma resposta negativa ou positiva. A maneira como o texto é lido, o modo como as palavras são utilizadas – com expressividade, ênfase etc. – ou o uso de vocábulos com sentidos negativos ou positivos podem desqualificar pessoas das quais se está falando. Além disso, sabe-se que a linguagem corporal do apresentador pode transmitir mensagens nem sempre coerentes com o texto, com carga opinativa.

Se, num programa de entretenimento, o objetivo é ter audiência, no telejornalismo existem outras demandas: noticiar o inédito e divulgar o que é de interesse público[4]; por isso, os recursos técnicos da edição também podem selecionar falas e imagens e colocá-las de forma que tal objetivo seja alcançado. As questões editoriais e os elementos que compõem a linguagem do telejornalismo são inúmeros e mereceriam maior destaque nesta análise; no entanto, os exemplos já citados foram inseridos no estudo durante a "amostra" das eleições de 2002 e 2006. Os resultados da coleta de dados com valências negativas e positivas mostraram que algumas abordagens foram determinantes na mudança de quadros e nas campanhas eleitorais. Muitas matérias serviram como espaço de denúncias, permitindo enquadramentos que contribuíram para a negatividade das campanhas e/ou dos candidatos.

Nas eleições de 2002, por exemplo, o *Jornal Nacional* – ainda no período pré-eleitoral, no mês de março[5] – usou palavras que desqualificaram a pré-candidata Roseana Sarney e mostrou, insistentemente, imagens do dinheiro apreendido no escritório de seu marido, relacionando a candidata com as acusações de desvio sem a devida comprovação, o que consiste em julgamento antecipado. Depois que o partido desistiu oficialmente de lançar candidato próprio ao pleito, o caso praticamente desapareceu do noticiário.

No período anterior à entrada do horário eleitoral, em 2002, o noticiário usava matérias de economia com entrevistados e sonoras que enfatizavam o perigo que a oposição representava para a estabilidade econômica do país, induzindo o telespectador ao medo. O conteúdo dos textos e das entrevistas era opinativo, mesmo que de forma sutil. Insinuavam que a candidatura Lula fazia aumentar o *risco Brasil* e o país "poderia virar uma Argentina ou Venezuela". Já em 2006, o medo da mudança na economia foi substituído pelo "golpe e corrupção".

Apesar de empregar tempos iguais às matérias da agenda dos candidatos e levar a mesma pauta para as entrevistas, em 2002 deu-se ênfase apenas aos dois principais candidatos: José Serra, indicado explicitamente por ministros como o melhor candidato; e Lula, candidato associado à desestabilização. Houve, então, uma surpresa: as cenas que enquadravam o candidato Serra, "sério" e representante da situação, e as que mostravam um candidato oposicionista perigoso, também exibiam o candidato Ciro Gomes forte, de discurso objetivo e opiniões contundentes e com grande visibilidade em meio à população.

O período coincidiu com o crescimento de Ciro e do PPS nas pesquisas e a possibilidade de um segundo turno sem o candidato do governo. Então, começaram a aparecer, em média, três reportagens por dia com insinuações e denúncias. Uma série de matérias, seleções de respostas infelizes, ênfase à truculência e outros problemas do candidato em episódios levantados pela mídia. O desfecho da cobertura da campanha de Ciro, nesse momento, acompanhou o já citado caso de Roseana Sarney. No final do primeiro turno, quando o candidato estagnou em quarto lugar, as denúncias deixaram de ser apresentadas no noticiário.

As matérias negativas e de uso do medo contra o candidato do PT também silenciaram, ficando, para o final do primeiro turno e segundo turno, a manutenção de agendas. Apesar de ainda se destacarem matérias negativas ao candidato oposicionista, a estratégia do medo foi atenuada no segundo turno.

Na eleição de 2006, com uma cobertura menor do *JN*, foram usados os mesmos elementos de 2002 – só mudaram alguns atores políticos: no lugar de Roseana entraram Garotinho e a desconstrução de uma possível candidatura no PMDB, antes das convenções, conforme queria o grupo aliado do governo. O *JN* passou a inserir diariamente reportagens de acusações, baseadas em suposições contra o pré-candidato do PMDB e sua esposa, a ex-governadora do Rio de Janeiro Rosinha Matheus. Anthony Garotinho reagiu com uma greve de fome, estratégia citada várias vezes com deboche pelo noticiário. Da mesma forma que, em 2002, quando o PMDB desistiu da candidatura própria, cessaram as matérias.

Com as candidaturas definidas, Heloísa Helena foi apresentada com imagens positivas, sempre simpática e com uma seleção de falas contundentes contra o governo e o PSDB. Subiu nas pesquisas e chegou a ameaçar o candidato Alckmin, segundo colocado, mas, se mantivesse a mesma visibilidade que construiu sua imagem, em mais um mês poderia se tornar uma alternativa na disputa com o candidato à reeleição.

Em pouco tempo, no entanto, Heloísa Helena começou a perder espaço. Não apareceram denúncias, como aconteceu com Ciro Gomes em 2002, mas a simpatia da candidata e a credibilidade foram "danificadas" na única entrevista de estúdio apresentada no *JN*. A contundência dos apresentadores e a ênfase de que o programa de partido não era o programa de governo, aliadas à postura autoritária da candidata mostrada no noticiário, contribuíram para a queda e a manutenção de um terceiro lugar até o final do primeiro turno.

Faltando duas semanas para o primeiro turno, o *JN* explicitamente usou de vários recursos para atingir a campanha petista. Vianna[6] afirmou que profissionais da redação da Globo em São Paulo não viam tamanha interferência em pautas e edições desde a ditadura militar, tendo sido a cobertura do "caso do dossiê" ainda pior que a interferência nas eleições de 1982 para o governo do Rio de Janeiro e de 1989 para a Presidência.

Ao longo da análise de conteúdo do *Jornal Nacional*, objeto de estudo deste livro, já se demonstrou como as ferramentas persuasão, destaque negativo, palavras pejorativas e imagens foram usadas contundentemente e conseguiram modificar uma situação em duas semanas. Para quem fez a leitura de um simples espectador, ficou a certeza de não entender o "caso dossiê", mas de compreender que o presidente Lula estava envolvido em uma "sujeira" e não merecia credibilidade. A chefia do *JN* deixava transparecer sua expectativa em levar a eleição para o segundo turno a fim de dissolver a força do presidente e mostrar quão grande ainda é o grau de dependência entre mídia e poder político. Essa afirmação pode ser confirmada na análise dia-a-dia do final do primeiro turno.

Na cobertura do segundo turno, o mesmo telejornal que chegou a dedicar mais de 80% ao "caso", com palavras de acusação, reportagens denegrindo pessoas e a imagem do presidente, já não dava o mesmo espaço cedido no final do primeiro turno. Na primeira semana de campanha, o noticiário mudou o discurso e a abordagem tornou-se rotineira, com a negatividade se virando para o candidato do PSDB, Geraldo Alckmin. Quais seriam as razões para que a Rede Globo mudasse de postura em tão pouco tempo e contribuísse para a eleição de Lula com uma vitória tão expressiva no segundo turno, abocanhando votos de candidatos derrotados no primeiro turno e do próprio Alckmin, que teve menos votos que na primeira fase? A resposta se tornou evidente quando se comprovou que, no primeiro turno, não houve um diálogo direto do presidente com a família Marinho, mas por meio da ministra Dilma Rousseff, e que, logo na primeira semana do segundo turno, foi marcado um encontro entre o presidente Lula e o superintendente da Rede Globo, João Roberto Marinho.

A forma como se exibem as notícias pelo *Jornal Nacional*, maior telejornal da Rede e o de maior audiência do país, é um termômetro de como estão as relações entre mídia e governo no jornalismo brasileiro. Os dados coletados na pesquisa indicam que a Rede Globo, por meio do *Jornal Nacional*, ainda mantém a mesma tendência unilateral em suas coberturas, como fez em outros momentos políticos, desde o início de sua trajetória.

A pesquisa sugere que, nas eleições de 2002 e 2006, o comportamento tendencioso da Rede Globo – estudado por pesquisadores[7] desde o fim da ditadura militar e em momentos políticos fortes, sobretudo eleitorais – ainda privilegia e prejudica candidatos. O equilíbrio na cobertura do *JN*, apontado por Bucci[8] na eleição de 2002, não redimiu a Rede Globo, e a análise dos dados aqui apresentada mostrou que ela continua impondo seu poder e mais uma vez não foi isenta, nem nas eleições de 2002 nem nas de 2006, quando houve mais evidência dessa atitude.

Espera-se que a presente pesquisa ofereça contribuições para o prosseguimento do trabalho de outros pesquisadores e dê suporte para que posteriores estudos e interpretações possam ser realizados.

Notas

1 Disponível em: <www.ibope.com.br>. Acesso em 8 mar. 2007.
2 *Teoria da agenda setting* ou *agendamento*: teoria que defende que os temas midiáticos agendam a vida das pessoas e se tornam conversa do dia-a-dia (Wolf, 1995; Hohlfeldt, Martino e França, 2001).
3 Informações disponíveis nos sites <www.globo.com> e <www.ibge.gov.br>.
4 Esses são também alguns dos objetivos do *JN*, como afirmou William Bonner em entrevista aos alunos da Universidade Estadual de Londrina (UEL), no dia 5 de abril de 2004, na redação do telejornal da Rede Globo.
5 Embora não tenhamos estudado especificamente o conteúdo do *JN* nesse mês, acompanhamos o telejornal e estudos sobre o assunto.
6 Rodrigo Vianna, em entrevista à autora; São Paulo, 28 de fevereiro de 2007.
7 Destacamos aqui Venício de Lima, Eugênio Bucci, Albino Rubim, Mauro Porto e César Bolaño.
8 Bucci, em entrevista à autora; Londrina, março de 2006.

Referências bibliográficas

ALDÉ, Alessandra. "As eleições presidenciais de 2002 nos jornais". In: RUBIM, Antonio Albino Canelas. *Eleições presidenciais em 2002 no Brasil*. São Paulo: Hacker, 2004.

_____. "As eleições presidenciais de 2002 nos jornais". Trabalho apresentado no III Encontro Internacional de Estudos de Mídia e Eleições, Salvador, Facom/UFBA, 2002.

ALENCAR, Kennedy; MEDINA, Humberto. "Lula escolhe padrão japonês para TV digital". *Folha de S.Paulo*, São Paulo, 8 de mar. 2006.

ALMEIDA, Jorge. "Lula, Serra e a disputa pelo discurso da 'mudança' em 2002". Grupo de Trabalho Comunicação e Política. Trabalho apresentado no XII Encontro Anual da Associação Nacional dos Programas de Pós-Graduação em Comunicação (Compós), Recife, 2 a 6 de junho de 2003.

_____. "Serra e a mudança: um discurso fora do lugar de fala". In: RUBIM, Antonio Albino Canelas. *Eleições presidenciais em 2002 no Brasil*. São Paulo: Hacker, 2004.

AMORIM, Paulo H. "Os 35 anos do *Jornal Nacional* ou Cadê o comissário?" Disponível em: <http://plogdopaulohenrique.zip.net/>. Acesso em 31 ago. 2005.

AMORIM, Paulo H.; PASSOS, Maria Helena. *Plim-plim: a peleja de Brizola contra a fraude eleitoral*. São Paulo: Conrad, 2005.

BARBEIRO, Heródoto; LIMA, Paulo Rodolfo de. *Manual de telejornalismo*. Rio de Janeiro: Campus, 2005.

BARBOSA, Bia. "População critica cobertura; Globo faz abaixo-assinado para se defender". *Carta Maior*, 1º nov. 2006. Disponível em: <http://www.cartamaior.com.br/templates/materiaMostrar.cfm?materia_id=12733&editoria_id=4>.

BERGAMO, Mônica. "É a vida". *Folha de S.Paulo*, São Paulo, 19 ago. 2006, Ilustrada, p. E2.

_____. "Lily & Roberto". *Folha de S.Paulo*, São Paulo, 7 nov. 2004, Ilustrada, p. E2.

BOLAÑO, César. "Mercado brasileiro de televisão, 40 anos depois". In: BOLAÑO, César R. S.; BRITTOS, Valério C. (orgs.). *Rede Globo: 40 anos de poder e hegemonia*. São Paulo: Paulus, 2005.

BORGERTH, Luiz Eduardo. *Quem e como fizemos a TV Globo*. São Paulo: Girafa, 2003.

"BORNHAUSEN quer ver Alckmin 'ganhar na Globo'". *O Estado de S. Paulo*, 20 jul. 2006. Disponível em: <http://www.vermelho.org.br/base.asp?texto=5455>.

BRENER, Jayme; COSTA, Sylvio. "Dossiê das concessões de TV". *Correio Braziliense*, Brasília, 1997. Disponível em: <http://observatorio.ultimosegundo.ig.com.br/artigos/mat2008d.htm>. Acesso em 13 jan. 2006.

BUCCI, Eugênio. "A metapublicidade e Roseana Sarney". *Folha de S.Paulo*, São Paulo, 18 nov. 2001, TV Folha.

_____. "A noite de núpcias". *Folha de S.Paulo*, São Paulo, 3 nov. 2002, Ilustrada.

_____. *Sobre ética e imprensa*. São Paulo: Companhia das Letras, 2000.

BUCCI, Eugênio; KEHL, Maria R. "A crítica de televisão". In: *Videologias*. São Paulo: Boitempo, 2004.

CABRAL, Luís Carlos. "Rede de intrigas". *O Nacional*, Rio de Janeiro, 26 nov. 1986.

CAPPARELLI, Sérgio; LIMA, Venício A. de. *Comunicação e televisão: desafios da pós-globalização*. São Paulo: Hacker, 2004.

CARVALHO, Elizabeth *et al*. *Anos 70: televisão*. Rio de Janeiro: Europa, 1980.

CARVALHO, Rejane V. A. "Como se faz e desfaz um 'fenômeno eleitoral': o caso Roseana". In: RUBIM, Antonio Albino Canelas. *Eleições presidenciais em 2002 no Brasil*. São Paulo: Hacker, 2004.

CHAIA, Vera. "O medo como estratégia política". In: RUBIM, Antonio Albino Canelas. *Eleições presidenciais em 2002 no Brasil*. São Paulo: Hacker, 2004.

CIMINO, James. "O campeão da notícia". *Agora SP*, São Paulo, 1º set. 2004.

COLLING, Leandro. *Agendamento, enquadramento e silêncio no Jornal Nacional das eleições presidenciais de 1998*. 2000. Dissertação (mestrado) Universidade Federal da Bahia, Salvador.

COLLING, Leandro; RUBIM, Antonio Albino Canelas. "Cobertura jornalística e eleições presidenciais de 2006 no Brasil". *Política & Sociedade*, Santa Catarina, v. 6, n. 10, 2007.

CONTI, Mario Sergio. *Notícias do Planalto: a imprensa e Fernando Collor*. São Paulo: Companhia das Letras, 1999.

COSTA, Osmani F. *Rádio e política*. Londrina: Eduel, 2005.

CURADO, Olga. *A notícia na TV*. São Paulo: Alegro, 2002.

DINES, Alberto. "Novas cantilenas sobre a mídia". Disponível em: <http://observatorio.ultimosegundo.ig.com.br/artigos.asp?cod=405JDB002>. 30 out. 2006. Acesso em 25 jan. 2007.

ENTMAN. "Framing: toward clarification of a fractures paradigm". In: LEVY, Mark R.; GUREVITCH, Michael. *Defining media studies: reflections on the future of the field*. Nova York: Oxford University Press, 1994.

FERNANDES, Helio. "O escândalo da Proconsult em 1982". *Tribuna da Imprensa Política*, Rio de Janeiro, 8 dez. 2004. Disponível em: <www.tribuna.inf.br/anteriores>. Acesso em 28 out. 2005.

GASPARI, Elio. *A ditadura escancarada*. São Paulo: Companhia das Letras, 2002.

GINDRE, Gustavo. "Discurso nacionalista, negócios nem tanto". Disponível em <http://www.consciencia.net/2006/0204-globo-acoes.html>. Acesso em 30 mar. 2006.

GRAMSCI, ANTONIO. "Moderno Príncipe". In: *Maquiavel, política e*

Estado moderno. Rio de Janeiro: Civilização Brasileira, 1968.

GUAZINA, Liziane. "'Responsabilidade social': nome novo para o velho oficialismo do *Jornal Nacional*". In: LIMA, Venício A. de. *Mídia, crise política e poder no Brasil*. São Paulo: Fundação Perseu Abramo, 2006.

HERZ, Daniel. *A história secreta da Rede Globo*. 14. ed. Porto Alegre: Ortiz, 1991.

HOHLFELDT, Antonio; MARTINO, Luiz C.; FRANÇA, Vera Veiga. *Teorias da comunicação: conceitos, escolas e tendências*. Petrópolis: Vozes, 2001.

IANNI, Octávio. "O príncipe eletrônico". In: *Enigmas da modernidade*. Rio de Janeiro: Civilização Brasileira, 2000.

"JUÍZA decidirá ação da Globo". *Tribuna da Imprensa*, Rio de Janeiro, 15 fev. 2005. Disponível em: <http://www.consciencia.net/midia/redeglobo.html>. Acesso em 25 ago. 2006.

KAMEL, Ali. "TV Globo contesta *CartaCapital*". *Observatório da Imprensa*, 19 out. 2006. Disponível em: <http://observatorio.ultimosegundo.ig.com.br/artigos.asp?cod=403jdb010>. Acesso em 3 nov. 2006.

KEHL, Maria Rita. "Um só povo, uma só cabeça, uma só nação". In: CARVALHO, Elizabeth *et al*. *Anos 70: televisão*. Rio de Janeiro: Europa, 1980.

LEAL FILHO, Laurindo. *Atrás das câmeras: relação entre cultura, estado e televisão*. São Paulo: Summus, 1988.

_____. "Jornalismo com temor das ruas". *Educação*, Segmento, São Paulo, n. 247, ano 28, nov. 2001.

_____. "O legado do poder". *Jornal do Brasil*, Rio de Janeiro, 10 ago. 2003. Disponível em: <www.observatorio.ultimosegundo.ig.com.br/artigos/asp1208200392>. Acesso em 22 nov. 2005.

_____. "Palanques eletrônicos". *Revista Educação*, São Paulo, Segmento, n. 64, ago. 2002.

_____. "Quarenta anos depois a TV brasileira ainda guarda as marcas da ditadura". *Revista USP*, Dossiê 61 – Televisão, São Paulo, mar./mai. 2004.

Lima, Venício A. "A mídia está em discussão". Disponível em: <http://observatorio.ultimosegundo.ig.com.br/artigos. asp?cod=405JDB003>. 30 out. 2006a. Acesso em 24 jan. 2007.

_____. "Globo e política: 'tudo a ver'". In: Bolaño, César R. S.; Brittos, Valério C. (orgs.). *Rede Globo: 40 anos de poder e hegemonia*. São Paulo: Paulus, 2005.

_____. *Mídia, crise política e poder no Brasil*. São Paulo: Fundação Perseu Abramo, 2006b.

_____. "Mídia partidária e o interesse público". Disponível em: <http://observatorio.ultimosegundo.ig.com.br/artigos. asp?cod=403JDB002>. 17 out. 2006. Acesso em 24 jan. 2007.

Lopes, Genésio. *O superpoder – o raio x da Rede Globo*. São Paulo: Ibrasa, 2001.

Lopes, Vera de O. N. "A lei da selva." In: Bucci, Eugênio (org.). *A TV aos 50 – criticando a TV brasileira no seu cinqüentenário*. São Paulo: Fundação Perseu Abramo, 2003.

Machado, Roméro da Costa. "Collor e Roberto Marinho". Disponível em: <http://www.fazendomedia.com/globo40/ romero18.htm>. Acesso em 1º mar. 2006.

Maquiavel, Nicolau. *O Príncipe*. 2. ed. Rio de Janeiro: Vecchi, 1964.

Memória Globo. *Jornal Nacional: a notícia faz história*. Rio de Janeiro: Jorge Zahar Editor, 2004.

Miguel, Luis Felipe. "A descoberta da política. A campanha de 2002 na Rede Globo". In: Rubim, Antonio Albino Canelas. *Eleições presidenciais em 2002 no Brasil*. São Paulo: Hacker, 2004.

Montuori, Carla. "O que de fato era a *Caravana JN*? Um olhar sobre a estética de produção". Disponível em < http://www.pucsp. br/neamp/eleicoes2006/artigo_08.htm>. Acesso em 25 out. 2006.

Morais, Fernando. *Chatô, o rei do Brasil*. São Paulo: Companhia das Letras, 1994.

Moreira, Sônia Virgínia. "A legislação dos meios eletrônicos nos Estados Unidos e Brasil". *Comunicação & Sociedade*. São Bernardo do Campo: IMS, 1996.

Novis, Carlos Henrique. "Simonsen: um império que foi pelos

ares". In: MOYA, Álvaro. *Gloria in excelsior*. São Paulo: Imprensa Oficial, 2004.

"O FAZEDOR de reis: Roberto Marinho permanece no centro da vida política do país há quase sessenta anos". *IstoÉ*, Editora Três, São Paulo, 1984, p. 18-22.

OLIVEIRA, Michele. "Nanicos ganham segundos de fama no *Jornal Nacional*". *Folha de S.Paulo*, São Paulo, 6 ago. 2006, p. A10.

ORTIZ, Renato. *A moderna tradição brasileira*. 5. ed. São Paulo: Brasiliense, 1994.

PATERNOSTRO, Vera Íris. *O texto na TV*. São Paulo: Campus, 1999.

PORTO, Mauro. "As eleições municipais em São Paulo". In: MATOS Heloiza (org.). *Mídia, eleições e democracia*. São Paulo: Scritta, 1994.

PORTO, Mauro; BASTOS, B. B.; VASCONCELOS, R. F. "A televisão e o primeiro turno das eleições presidenciais de 2002: análise do *Jornal Nacional* e do horário eleitoral". In: RUBIM, Antonio Albino Canelas. *Eleições presidenciais em 2002 no Brasil*. São Paulo: Hacker, 2004.

RAMOS, Murilo César. "A força de um aparelho privado de hegemonia". In: BOLAÑO, César R. S.; BRITTOS, Valério Cruz (orgs.). *Rede Globo: 40 anos de poder e hegemonia*. São Paulo: Paulus, 2005.

RAMOS, Murilo César; LIMA, Venício A. de. "A televisão no Brasil – desinformação e democracia". In: FLEISCHER, David (org.). *Da distensão à abertura política: as eleições de 1982*. Brasília: UnB, 1988.

"ROBERTO Marinho o comunicador do século". *IstoÉ. Especial 8 – O Brasileiro do Século*. São Paulo: Três, 1992.

RUBIM, Antonio Albino Canelas. "Comunicação, espaço público e eleições presidenciais". *Comunicação & Política*, São Paulo, vol. 9, p. 7-21, 1989.

_____. "*Media*, política e eleições brasileiras de 1989 e 1994". III Reunião Anual da Associação Nacional dos Programas de Pós-Graduação em Comunicação (Compós), Campinas, Unicamp, 1994.

_____. "*Veja* e a construção do CRP nas eleições presidenciais de 1998". Associação Nacional dos Programas de Pós-Graduação em Comunicação (Compós). Belo Horizonte: jun. 1999.

SÁ, Nelson de. "Outra história". *Folha de S.Paulo*, 16 mar. 1994.

SANDENBERG, Carlos Alberto. Entrevista com Mailson da Nóbrega. *Playboy*, São Paulo, n. 284, mar. 1999.

SASAKI, Daniel Leb. *Pouso forçado*. São Paulo: Record, 2006.

SCOLESE, Eduardo; NOSSA, Leonencio. *Viagens com o presidente – dois repórteres no encalço de Lula do Planalto ao exterior*. São Paulo: Record, 2005.

SILVA, Carlos Eduardo Lins da. "Televisão e política na virada do século". *Revista USP*, Dossiê 61 – Televisão, São Paulo, mar./mai. 2004.

SILVA, Fernando de Barros e. "*Caravana JN* leva circo para dentro da TV". *Folha de S.Paulo*, 6 ago. 2006, p. A10.

SILVA, Gonçalo, Jr. *Pais da TV – a história da televisão brasileira*. São Paulo: Conrad, 2001.

SIMÕES, Inimá. "Nunca fui santa". In: BUCCI, Eugênio (org.). *A TV aos 50 – criticando a TV brasileira no seu cinqüentenário*. São Paulo: Fundação Perseu Abramo, 2003.

SOUZA, Cláudio Mello e. *15 anos de história*. Rio de Janeiro: TV Globo, 1984.

VEJA. "A oposição na hora de falar". São Paulo, n. 319, 16 out. 1974.

_____. "Especial: os 35 anos do *Jornal Nacional*". São Paulo, n. 1869, 1º set. 2004.

_____. "Garimpo de audiência". São Paulo, 3 jul. 1991.

_____. "O espetáculo do voto". São Paulo, 17 nov. 1982.

_____. "Sem prejuízos". São Paulo, n. 324, 20 nov. 1974.

_____. "Vitória da notícia – aos quinze anos o *Jornal Nacional* é o programa mais visto do país". São Paulo, n. 845, 5 set. 1984.

WOLF, Mauro. *Teorias da comunicação*. Lisboa: Editorial Presença, 1995.

IMPRESSO NA
sumago gráfica editorial ltda
rua itauna, 789   vila maria
02111-031   são paulo   sp
telefax 11 **2955 5636**
sumago@terra.com.br